Omgaan met Gidsen

Paragnost
Jan Kleyn

Omgaan met Gidsen

Vierde druk

STRENGHOLT

Opgedragen aan mijn goede vriendin Mara de Lange,
die al mijn dictaten en schrijfsels netjes heeft uitgetypt;
wij hebben er lange gesprekken over gevoerd.
Mara heeft een werkzaam aandeel
in de totstandkoming van dit boek gehad.

Eerste druk oktober 1995
Tweede druk januari 1997
Derde druk augustus 1998
Vierde druk maart 2001

Omgaan met Gidsen/Kleyn, Jan. A.
ISBN: 90 6010 872 8
NUGI: 626
SBO: 30
Trefwoord: esoterische onderwerpen

Drukker: Drukkerij Giethoorn Ten Brink, Meppel
Omslagfoto: The Image Bank, Amsterdam
Omslaglithografie: T&M Design, Hilversum

© Copyright 1995, 2001: A.J.G. Strengholt's Boeken,
Anno 1928 bv, Hofstede Oud Bussem,
Flevolaan - Naarden

Inhoud

Woord Vooraf

Jan Kleyn is een man die een diepe indruk op mij heeft gemaakt. Hij gaf een wending aan mijn leven waar ik altijd nog stil van word en mij verwonder. Ik kampte al enige jaren met een soort energie-gebrek, waar eigenlijk niemand, incluis ikzèlf, raad mee wist. Naarmate mijn levensenergie verminderde, kon ik ook steeds minder deelnemen aan al datgene wat een mens het leven geeft: vrouw, kinderen, vrienden, werk en plannen maken. Ik voelde mij 'emotioneel versleten' en begon te vrezen dat, als dit zo door zou gaan, ik ten slotte het lieve leven zèlf prijs moest gaan geven.

Zó belandde ik op de bank bij regressie-therapeut en paragnost Jan Kleyn. Wat er vervolgens in die éne regressie gebeurde, is nauwelijks onder woorden te brengen. Ik ontmoette een betrokken, wijs en liefdevol mens, die mij, samen met zijn Gids Leila, binnenleidde in een 'onstoffelijke' wereld. Hierin mocht ik onder anderen mijn Hoofdgids Emea treffen, kreeg ik een kijkje in vorige levens en werden levensvragen beantwoord. Daarbij werd mij te verstaan gegeven, dat ik in de toekomst, nét als Jan Kleyn, óók uit die 'onstoffelijke' wereld zou mogen putten om, onder leiding van mijn Gids Emea, mensen te helpen.

Sindsdien heb ik mijn levensenergie herkregen, kan ik weer deel-nemen aan het leven; kortom lééf ik weer. Jan werd mijn mentor en begeleidde mij op zijn eigen liefdevolle, nuchtere en humorvolle wijze in het opbouwen van een goed contact met mijn Gids Emea zodat wij een soort team konden vormen. Jan maakte mij vertrouwd met 'zijn' wijze van werken en hielp mij mijn aanvankelijke schroom voor het onbekende te overwinnen en 'onbevangen' de 'onstoffelijke' wereld te betreden.

Inmiddels doen mijn Gidsen Emea en Jarich en ik (als doorgeefluikje) ons werk: wij helpen mensen. In dit werk blijkt dat bijna iedereen, in meerdere of mindere mate, over vermogens beschikt iets van deze 'onstoffelijk' wereld te ervaren. De 'stoffelijke' en 'onstoffelijke' wereld ligt eigenlijk veel dichter bijelkaar dan wij meestal denken.

In dit boek laat Jan Kleyn ons kennismaken met die 'onstoffelijke' wereld. Een wereld waar ruimte is voor gevoel, intuïtie, de ziel, verbeelding, schoonheid, inspiratie, betrokkenheid, mededogen en zachtmoedigheid, vriendschap en onzelfzuchtigheid.
Een wereld van onbegrensde mogelijkheden om met 'gedachten' te scheppen, bij te dragen, te vertroosten en te helen. Een wereld die 'bol' staat van liefde en geestelijk leven, doordat 'materie' (het stoffelijke) er nauwelijks een rol van enig belang speelt.

Ik hoop van harte dat Jan Kleyn *deze* 'onstoffelijke' wereld net zo dicht bij u zal brengen als hij dat bij mij heeft gedaan. En u mèt mij zult ervaren, dat de scheiding tussen de 'stoffelijke' en 'onstoffelijke' werelden onnatuurlijk is. De één hoort bij de ander; zonder elkaar zijn ze incompleet.
Ik ben ervan overtuigd geraakt, dat de 'onstoffelijke' wereld veel van de 'disharmonie' in onze overgematerialiseerde wereld – maar óók de disharmonie in onszèlf – kan wegnemen, kan harmoniseren.
De 'onstoffelijke' wereld heeft ons veel te bieden. Dáárom wordt het de hoogste tijd dat ónze 'stoffelijke', materiële wereld de 'onstoffelijke wereld' gaat erkennen; wij hebben elkaar meer dan ooit nodig.

Hans Otjes

Inleiding

Na mijn eerste boek over Gidsen – *Jouw Persoonlijke Gids* – bleek al snel dat veel mensen erg geïnteresseerd zijn in alles wat met hun Gids te maken heeft. In *Omgaan met Gidsen* ga ik dan ook dieper in op het verschijnsel Gids, dat redelijk complex is. Ik bespreek daarom niet alleen mijn eigen ervaringen met Gidsen, maar ook die van anderen.

Er wordt vaak gesuggereerd dat Gidsen Engelen zijn, zoals we ze kennen vanuit de joods-christelijke cultuur. De meeste boeken over Engelen verhalen over mysterieuze, engelachtige wezens die wonderbaarlijke reddingen verrichten. Veel van deze verhalen suggereren dat het om Engelen gaat met een duidelijk christelijke achtergrond. Dat is natuurlijk allemaal prachtig, maar in wezen geeft dat een oneerlijk gevoel. Want waarom wordt Pietje de Vries wel gered en Kareltje Willems, die er net zo beroerd aan toe is, niet? Ja, ik weet het… het heeft alles met karma te maken. Maar de nabestaanden weten daar meestal weinig tot niets vanaf.

Op de vraag of Gidsen alleen maar reddende Engelen zijn, zeg ik uit eigen ervaring: 'Soms wel, maar het is eerder een zeldzaamheid dan regel. Gidsen zijn lang niet altijd voorbestemd om "wonderreddingen" te verrichten.' Vaak wordt er geïnformeerd wat zo'n Gids dan voor hen kan betekenen. Ik antwoord dan meestal met een aantal wedervragen: 'Wat houdt een hele goede relatie voor jou in? Iemand met wie je lief en leed kunt delen, die jou neemt zoals je bent en een totale liefde voor je koestert? Wat doet het jou als diegene geen kritiek op je heeft, omdat hij weet dat jij je aardse lessen nu eenmaal moet leren?'

Wie eenmaal echt een band met zijn Gids opbouwt, ervaart een liefde die met geen aardse ervaring te vergelijken is. Die vorm van liefde, en nog veel meer, ervaar je via jouw eigen Gids: een rijpe en vaak oeroude ziel, die voor jou gekozen heeft.

Omdat ik vanuit een christelijke traditie leef, heb ik een redelijke kennis van het Nieuwe Testament. Als je de prachtige tekst van apostel Paulus over de liefde leest (in 1 Corinthiërs 13), word je gewoon even stil:

'Al ware het, dat ik met de tongen der mensen en der engelen sprak, maar had de liefde niet, ik ware schallend koper of een rinkelende cimbaal.

Al ware het, dat ik profetische gaven had, en alle geheimenissen en alles, wat te weten is, wist, en al het geloof had, zodat ik bergen verzette, maar ik had de liefde niet, ik ware niets.

Al ware het, dat ik al wat ik heb tot spijs uitdeelde, en al ware het, dat ik mijn lichaam gaf om te worden verbrand, maar had de liefde niet, het baatte mij niets.

De liefde is lankmoedig, de liefde is goedertieren, zij is niet afgunstig, de liefde praalt niet, zij is niet opgeblazen, zij kwetst niemands gevoel, zij zoekt zichzelf niet, zij wordt niet verbitterd, zij rekent het kwade niet toe. Zij is niet blijde over ongerechtigheid, maar zij is blijde met de waarheid. Alles bedekt zij, alles gelooft zij, alles hoopt zij, alles verdraagt zij.

De liefde vergaat nimmermeer; maar profetieën, zij zullen afgedaan hebben; tongen, zij zullen verstommen; kennis, zij zal afgedaan hebben.

Want onvolkomen is ons kennen en onvolkomen ons profeteren. Doch, als het volmaakte komt, zal het onvolkomene afgedaan hebben.

Toen ik een kind was, sprak ik als een kind, voelde ik als een kind, overlegde ik als een kind. Nu ik een man ben geworden, heb ik afgelegd wat kinderlijk was. Want nu zien wij nog door een spiegel, in raadselen, doch straks van aangezicht tot aangezicht.

Nu ben ik onvolkomen, maar dan zal ik ten volle kennen, zoals ik zelf gekend ben.

Zo blijven dan: Geloof, hoop en liefde, deze drie, maar de meeste van deze is de liefde.'

De beroemde psycholoog Erich Fromm heeft eens een prachtig boek geschreven *Liefde een kunde en een kunst*; dat moet je beslist eens lezen. Liefde uiten is een ambacht, je kunt het leren. En jouw Gids heeft dat ambacht verhoogd tot een kunst. In Ludwig van Beethoven's beroemde Negende Symfonie 'Alle Menschen werden Brüder' kun je die hemelse liefde zelfs horen.

In de loop der jaren heb ik al duizenden mensen met hun Hoofdgids in contact gebracht. Ik heb hier nooit negatieve reacties op gekregen – in tegendeel.

Om misverstanden weg te nemen en je te laten weten waarvoor Gidsen er zijn, heb ik dit boek geschreven. Mijn Gids Leila heeft mij altijd al aangespoord te schrijven. 'Het wordt een succes Jan', zei ze. Zo ontstond mijn eerste boek *Jouw Persoonlijke Gids*.

Ik kwam bij de uitgeverij Strengholt terecht en begon daarnaast enkele redactionele werkzaamheden voor het maandblad ParaVisie uit te voeren. En ja hoor, Leila bleek gelijk te hebben: er bleek een enorme interesse voor Gidsen te bestaan.

Het stemt mij gelukkig dat ik deze prachtige 'Gidsenwereld' met je kan delen en zal dan ook proberen je zo dicht mogelijk er mee in contact te brengen.

Ik hou van eenvoudig taalgebruik, dat door iedereen gevolgd kan worden. Deze eenvoud komt van de Gidsen waarmee ik dagelijks in contact sta. Hopelijk draagt dit boek ertoe bij dat je nog beter met jezelf en je aardse relaties om kunt gaan.

Jan Kleyn

HOOFDSTUK

I

Een spontane Gidsontmoeting

Een student van ongeveer zevenentwintig jaar die geïnteresseerd is in paranormale zaken ligt in zijn bed. De jongen heeft net een poosje aan een tentamen gewerkt dat hij binnenkort heeft. Hij draait het licht uit en sluit zijn ogen. Langzaam verdwijnen de gedachten aan het tentamen uit zijn hoofd. De slaap komt dichterbij.

Dan gebeurt er iets vreemds, ineens is er een licht in de kamer. De lichtstralen zijn meer voelbaar dan zichtbaar. De jongen opent de ogen, maar het licht blijft aanwezig; het lijkt zelfs een vorm aan te nemen. Even is hij bang, maar dan is het of ergens een stem klinkt die zegt: 'Niet bang zijn, ik ben je helpster.'

Of hij die woorden letterlijk verneemt weet hij niet eens, maar de betekenis blijft gelijk. Hij weet ook niet of de stem in zijn hoofd klinkt of in de kamer. Het stemgeluid is lieflijk, warm en geruststellend.

Zijn angst zakt. De vorm van het licht neemt langzaam een vrouwelijke gestalte aan. De jongeman ziet als eerste de grote opvallende ogen. Het gelaat neemt een ovale vorm aan waarin een brede mond zichtbaar wordt. Lang, donker haar omlijst het gezicht van de vrouwelijke verschijning. Het lichaam is vaag, mistig, maar stralend wit.

De jongen kan zijn ogen nauwelijks geloven. Er komt een allesoverheersend gevoel van warmte over hem. Hij wil wat zeggen, iets zoals: 'Wie ben je'? Het is alsof de gestalte zijn vraag al begrijpt voor hij die heeft geformuleerd. De mond lacht en zegt: 'Ik ben jouw Gids.'

Het moment dat de vraag 'Hoe heet je?' in hem opkomt, hoort hij glashelder een naam: Helena. Dan volgen haar woorden 'Ik ben er altijd en ik hou van je.'

De gestalte vervaagt langzaam weer, maar het warme gevoel blijft. De jongeman is nu klaarwakker, hij begrijpt er nog niet veel van. Of hij de woorden letterlijk heeft vernomen weet hij niet, maar de boodschap blijft gelijk. De vrouwelijke gestalte lijkt in niets op iemand die hij ooit ontmoet heeft. Toch heeft hij het gevoel dat hij haar allang kent.

Zijn ervaring van die bewuste nacht laat hem ook de dagen hierop niet los. Op een avond als de jongen in bed ligt, probeert hij tegen Helena te praten, maar er komt geen antwoord in hem op.

In de periode die volgt, merkt de jongen dat als hij ergens mee zit hij telkens 'uit het niets' antwoorden krijgt. Dit gebeurt alleen als hij een serieus probleem heeft.

Erover praten durft hij nauwelijks. Hij is streng christelijk opgevoed en het paranormale wordt in zijn kringen als duivels gezien. Zou dit nu echt duivels zijn, vraagt hij zich af? Zo voelt het helemaal niet, integendeel. Maar ja, de satan kan vele vormen aannemen, zegt de dominee altijd.

Toch kan hij zijn ervaring niet loslaten en elke avond praat hij zachtjes tegen Helena. Haar aanwezigheid is voelbaar en de jongen weet zeker dat zijn woorden duidelijk worden verstaan.

Kort hierna gaf ik een lezing voor studenten over Geleidegeesten of Gidsen, waarbij ik de jongeman voor het eerst ontmoette.

Tijdens deze voordracht vertelde ik eveneens over mijn persoonlijke Gids Leila. De jongen heeft, zoals hij mij later vertelde, geboeid geluisterd. Er viel een enorme last van hem af en hij voelde zich opgelucht. Vanaf dat moment wist hij dat hij helemaal niet gek was geworden en dat het niet van de duivel is wat hij meemaakt. Hij ontdekte bovendien dat zijn ervaringen minder zeldzaam waren dan hij dacht!

Tijdens een zaalproef, waarbij mensen indrukken van hun eigen Gidsen kunnen krijgen, had de jongen gemerkt dat dit experiment direct succes bij hem boekte: ineens was Helena er weer! Nog diep onder de indruk vertelde de jongeman mij achteraf hoe mooi het was om haar donkere ogen en het prachtige lange haar, dat in golven om haar hoofd hangt, opnieuw gade te slaan. Deze aanblik bezorgde hem een brok in zijn keel. Nadat Helena geruststellend naar hem had gelachen en de student de woorden 'Ik ben er heus en ik hou van je', hoorde, kwamen zijn tranen als vanzelf. Heel even had hij zich gegeneerd, totdat zijn blik viel op het meisje naast hem; ook zij huilde.

Na de zaalproef vroeg ik aan de aanwezigen wie van hen indrukken had gekregen. Er gingen zo'n twintig handen omhoog. Zoals gewoonlijk sprak ik vrij open over deze ervaringen, waardoor de student zich steeds prettiger ging voelen. Hij wist nu immers dat er veel meer mensen, net als hij, indrukken van een leven met hun Gids kregen. En gek genoeg begreep hij nu waarom Helena zo vertrouwd voelde; zij was een paar honderd jaar geleden zijn vrouw geweest.

Toen de jongeman mij in de pauze van de lezing bovenstaand verhaal vertelde, heb ik geduldig geluisterd en met hem gesproken. En ja hoor, ik begreep hem maar al te goed. De opluchting op zijn gezicht nam zichtbaar toe, vooral toen ik vertelde dat ook ik gelovig ben, opgegroeid in een doopsgezinde familie.

Na verloop van tijd kreeg ik weer contact met de jonge student. Hij vertelde enthousiast hoe hij na de lezing en ons gesprek met een gelukzalig gevoel naar huis was gegaan. Hij dacht alleen nog maar: Helena is echt en laat de rest maar een punthoofd krijgen!

Dat geluksgevoel bleef bij hem, ook toen hij in bed lag. Automatisch begon hij te praten en weer verscheen Helena voor zijn ogen. Het was net alsof hij haar met innerlijke ogen zag!

Weer kwamen de tranen en hij had gestameld: 'Ik ben zo verdraaid gek op jou.' Helena's gelaat straalde vol liefde toen ze zei 'Wat denk je dat ik voor jou voel? Ik ken je al zo lang, al vele levens sinds toen.'

De dagen daarna liep de jongen met vlinders in zijn buik rond, het leek wel alsof hij verliefd was! Dit viel niet alleen hem, maar ook zijn medestudenten op.

In de Mensa trof de student weer het meisje aan dat, net als hij, tijdens de zaalproef tranen in haar ogen gekregen had. Opvallend was dat zij net zulk mooi donker haar had als Helena, al was ze geen Helena. Als vanzelf benaderde hij het meisje, waarna ze samen over Gidsen spraken. Tijdens het gesprek voelde hij hoe soepel en natuurlijk het gesprek verliep. Nee, er lagen geen hindernissen tussen hen, het was net alsof zij samen een groot geheim koesterden. Dit speciale gevoel gaf een wonderlijke en hechte band tussen hen.

Na verloop van tijd heb ik deze student uit het oog verloren.

Na mijn boek *Jouw Persoonlijke Gids* bleek uit de reacties die ik hierop ontving, dat duizenden landgenoten contact met hun Gids hebben. Bij sommigen ontstond dit via mijn activiteiten, bij anderen spontaan of tijdens bloemenseances. Een echte Gidsontmoeting is in veel gevallen emotioneel, al reageert de ene persoon hier anders op dan de andere. Hoe sterk deze emoties gevoeld worden, is afhankelijk van de kracht waarmee een mens op iets reageert.

Wat zijn Gidsen?

Gidsen zijn geen klapwiekende en blondgelokte figuren, maar springlevende en bevriende entiteiten, die de strijd om het bestaan gedurende vele levens hebben ervaren.

Het woord 'mens' is de Latijnse term voor 'geest'. Gidsen zijn in wezen mensen en zij houden van ons met een bijna onbegrijpelijke liefde.

Gidsen zijn je beste kameraden en helpers, personen die jou inspireren en beschermen. Zij zijn heus niet uitsluitend christelijk; ze helpen net zo goed de Moslim als de Hindoe, de Boeddhist als de Maori of Aboriginal en wellicht helpen zij ook de dolfijn en de zeehond.

Gidsen kiezen geen partij voor een bepaalde kerkelijke richting of een specifiek ras, en ook niet voor een enkeling die zo netjes leefde.

De kosmos – wat mij betreft mag je het ook God noemen – discrimineert niet.

Effent een Gids jouw pad?

Ik geef altijd aan dat een Gids niet iemand is die alle stenen voor je voeten wegrolt. Hij is er dus niet om een deuk in je auto te voorkomen of problemen in je relatie. Een Gids verandert jouw persoonlijkheid ook niet, zoiets gebeurt alleen door een groeiend inzicht.

Wanneer je goed kunt omgaan met je Gids is er sprake van een relatie. Elke relatie berust op het principe 'wederzijds', dus ook de verhouding met je Gids is hierop gebaseerd. Ik wil hiermee zeggen dat er van beide partijen sprake moet zijn van respect.

Er zijn mensen die herhaaldelijk met de verkeerde figuur trouwen. Telkens kiezen ze een andere brokkenpiloot, met het naïeve idee dat door hen hij of zij wel zal veranderen. Totdat blijkt dat de gokverslaafde het gokken toch niet opgeeft, de drinkebroer blijft drinken, en de rokkenjager achter verschillende rokken aan blijft rennen. Dit zijn personen die niet of nauwelijks van hun eigen fouten leren.

De paragnost of therapeut wordt er meestal pas bijgehaald als er een hele reeks mislukte relaties achter iemand ligt, met de vraag dit probleem op te lossen. Bij nader onderzoek ontdekte ik dat deze personen meestal geen contact met hun Gids hebben.

Meerdere Gidsen hebben, kan dat?

Sommige mensen ontdekken direct dat zij meerdere Gidsen hebben, anderen merken na verloop van tijd dat er Gidsen bijkomen. Er zijn Hoofd- of Oergidsen en Hulpgidsen. Oergidsen zijn in de meeste gevallen personen waarmee je een eerder leven hebt gehad, vaak honderden jaren geleden. Hulpgidsen heb je meestal in dit leven gekend. Het kunnen familieleden zijn zoals je vader, moeder, broer, zus, of bijvoorbeeld een grootouder. Tussen de Gidsen onderling is er geen afgunst, zij werken er samen aan om jou gelukkig te maken!

Er zijn mensen die er hun werk van maken anderen te helpen. Zij hebben in veel gevallen een grote groep Gidsen om zich heen. De grootte van die groep is afhankelijk van het werk dat men op zich heeft genomen. Meestal bestaat zo'n groep van Gidsen uit een Hoofdgids, die wordt geassisteerd door een ploeg mensen uit je eigen zielsgroep. Een zielsgroep is te vergelijken met een familie, jouw verwanten in de andere wereld waarvan de onderlinge geestelijke golflengte gelijk is. Je ontvangt niet alleen extra energie van deze Gidsen, maar krijgt soms ook nog telepathische suggesties. Deze ingevingen kunnen bijvoorbeeld aangeven hoe een bepaalde ziekte behandeld moet worden. Zo kan een magnetiseur door een ingeving ineens weten waar de kwaal van zijn patiënt precies zit, waarna hij zijn handen op de juiste plek kan leggen.

Je krijgt de Gids die bij je past

Elk mens krijgt de Gids die hij nodig heeft; die bij hem past.

Krijg je er meerdere, dan zullen ook zij een instelling hebben die overeenkomt met jouw overtuigingen. De Hoofdgids wordt je feitelijk toegewezen. Hij kent jou door en door! Wanneer je bijvoorbeeld overdreven vroom bent, zal je Gids daar niet tegenin gaan. Al weet hij dat er aan de overkant geen kerken of godsdiensten zijn. God is er wel, maar voor ons allemaal.

Een Gids laat je volledig in je waarde, of je nu jood, moslim of christen bent. Als je bijvoorbeeld artistiek bent, krijg je in veel gevallen een zeer creatieve Gids, iemand die je inspireert bij het schilderen, het ontwerpen of het schrijven. Zelf ben ik dol op creatieve en vooral zelfstandige vrouwen. Ik heb dan ook een rasechte zelfstandige en creatieve Gids.

Nu zijn Gidsen in wezen zonder geslacht en toch tegelijkertijd oer-vrouwelijk of -mannelijk. Die andere wereld is alles tegelijk, dat blijft mij verbazen. Maar ik geniet van die wereld en het gedrag van haar bewoners.

Zoals ik al even aangaf, krijgt ieder mens de Gids die bij hem past. Zo ken ik een man die enorm kerkelijk en vroom is ingesteld, maar die eveneens sterk bezig is met het nieuwe tijdperk, de zogeheten 'New Age'. De man heeft een Gids die ooit een leven als monnik leidde en het klikt opvallend goed tussen hen. Ze spreken in termen die overeenkomen met hun levensinstelling. Toch is die Gids bepaald niet zweverig, al is hij godsdienstig. Zweven is een menselijke eigenschap, die soms weleens neigt naar hysterie. Als je hierin doorslaat, trek je vaak negatieve entiteiten aan die een spelletje met je spelen. Ze proberen macht over je te krijgen. Daarom spelen ze maar al te graag op jouw zwakke kanten in en kunnen zij rare opdrachten geven.

Zo vraag ik mij weleens af of de stemmen die Jeanne d'Arc hoorde werkelijk van hogere wezens afkomstig waren. Het is moeilijk voor te stellen dat een Gids aandringt op oorlog en macht. Het einde van Jeanne is in dat opzicht tekenend!

De invloed van zwarte Gidsen kan groot zijn. Sommige personen die hier last van hebben, plegen in het ergste geval zelfmoord. Anderen wacht een levenslang verblijf in een inrichting. Als je ooit opdrachten krijgt van stemmen, van zogenaamde Gidsen, dan heb ik maar één advies: KAPPEN MET DIE HANDEL! Een Gids geeft namelijk nooit opdrachten en praat zelden uit zichzelf. Schroom niet om het paranormale als een rotte appel te laten vallen. Het is absoluut geen schande als blijkt dat je daar niet stabiel genoeg voor bent.

Een vriendschap voor eeuwig

Omgaan met Gidsen is een grote vreugde; zij hebben alleen maar sympathie voor je en zullen geen kwaad woord tegen je spreken. Een Hoofd- of Oergids is vaak verschillende levens bij je, soms al honderden jaren. Je houdt ze in principe voor de rest van de incarnaties die nog komen. Ik denk dan ook niet dat een dergelijke vriendschap aan het eind van je incarnatie stopt.

Een Gids in je leven geeft warmte en inspiratie. Veel mensen denken ten onrechte dat ze letterlijk met hun Gids moeten praten. Elders in dit boek vertel ik uitvoeriger over de techniek van het 'praten', hoe het feitelijk werkt en waarom het contact niet altijd tot stand komt.

De toegangssleutel tot jouw Gids is oprechte liefde. Als je er oppervlakkig mee bezig bent en helemaal opgaat in de stoffelijke dingen, kun je het vergeten. Het is net als een goed huwelijk, je moet er aan werken, dus goed luisteren en ook terugpraten. Veel mensen communiceren niet, zelfs niet met de partner, de eigen ouders of met hun kinderen. Of zij praten wel, maar alleen over zichzelf. Anderen zijn soms zo gesloten als een oester, maar toch verbazen ze zich over het feit dat ze amper vrienden hebben. Ze luisteren ook niet naar anderen. Onthoud één ding: als je goed kunt communiceren op aarde, kun je het ook met je Gids. Breng je er op aarde weinig van terecht, dan lukt het ook niet met contacten in de andere dimensie.

Ik had het grote geluk te mogen opgroeien in een vrijzinnig gezin, met ouders die hun kinderen aanmoedigden te praten. Ik sprak daardoor vaak over school, vrienden en alles wat mij interesseerde. Maar er werd ook geluisterd naar elkaar.

Mijn ouders waren wel gelovig, maar zeker niet dogmatisch. Ik had hen met grote zorg gekozen voordat ik dit leven begon en werd bij deze keuze bijgestaan door een speciale Gids, mijn mentor Antonius Flavius, en uiteraard door mijn Gids Leila.

Mijn vriendschap met Leila is te vergelijken met een huwelijk, een relatie; wij zijn partners. Zij is niet alleen een collega en leermeesteres, maar ook mijn minnares. Ze bemint mij en ik bemin haar, al mag dit niet in plat en in aardse zin opgevat worden. De omgang met je Gids biedt veel mogelijkheden, maar vereist wel een serieuze instelling. Al denk je niet aan je Gids, hij is er wel en zelfs op vele fronten. Zo is Leila mijn adviseuse, helpster en op vele lange tochten mijn reisgenote. Lieve help, wat is het leven kaal als je geen contact met je Gids hebt!

Mijn aardse relatie is van eenzelfde kaliber als die met Leila: rustig, gevoelig, verstandig en luisterend naar elkaar. Ik zeg weleens: 'Eigenlijk heeft Rietje veel weg van een soort stoffelijke Leila.'

Na de dood van mijn eerste vrouw Tonny ontmoette ik mijn lieve Rietje, een vrouw uit duizenden. Ik weet nog dat Leila na Tonny's dood zei: 'Ik regel dat wel even voor je, ventje.' Ze heeft niets teveel gezegd!

Beginnen jullie nu te begrijpen hoeveel een Gids voor je kan betekenen? Het is een relatie die totaal, veelzijdig en warm is.

Nu zijn er mensen die denken, nou, mooi hoor dat er zo iemand op mij past, maar ze werken niet aan de relatie met hun Gids. Jammer, want de wisselwerking tussen Gids en mens is het spannendste dat er bestaat. Of die ander nu in hoofdzaak een bewustzijn is of een bewustzijn met een verpakking (lichaam) eromheen, doet in wezen niet ter zake. Zodra je in de gaten krijgt dat een Gids jou volledig accepteert met al je fouten en gebreken, leer je het prille begin van werkelijke liefde kennen.

Ik weet niet of je jong bent of tot de wat oudere generatie behoort. Hoe dan ook, het was vroeger niet allemaal veel beter dan nu, al denk ik wel dat men toen meer geduld wist op te brengen voor de partner. Geduld en begrip, waardoor huwelijken en relaties niet om de haverklap stuk liepen. Men spreekt immers van 'engelengeduld'. Gidsen zijn Engelen waar je iets van kunt leren. In het volgende hoofdstuk onthul ik iets van mijn eigen Gidsenclub, zeven lieve persoonlijkheden.

Wat is een zielsgroep?

Zoals je op aarde families of clans hebt, zo heb je ook in de andere wereld verenigingen van mensen. Deze mensen vormen met elkaar een groep, op grond van de vibratie van hun eigen trillingsgetal. Je zou kunnen zeggen dat ze dezelfde geestelijke interesse hebben. Zoiets vind je ook op de aarde, denk maar aan eens de Vrijmetselarij of aan de Odd Fellows en dergelijke. Men sluit zich aan bij een bepaalde groep en gaat volgens die opvattingen of overtuigingen op zoek naar de waarheid. Deze mensen delen een zekere interesse die hen als het ware naar elkaar toe drijft.

In de geestelijke wereld is het ongeveer hetzelfde. Mensen hebben een bepaalde familieband, een geestelijke band of dezelfde interessesfeer. Er moeten werkelijk honderden en wellicht duizenden van zulke zielsgroepen zijn. Sommige zielsgroepen bevinden zich in de andere wereld, andere bevinden zich op de aarde, en wellicht zijn er zielsgroepen in de zogenaamde donkere gebieden. Een donker gebied is een zelf geschapen omgeving waarin men verblijft ten gevolge van negatieve aardse handelingen. Dit heeft niets te maken met de hel zoals die in de koran en de bijbel wordt aangeduid. Wanneer die mensen tot innerlijke inkeer en schoonmaak komen, trekt onmiddellijk de duisternis op en kunnen ze zich bij de leden van hun groep voegen. Het is heel logisch dat uit deze zielsgroepen mensen als het ware worden gerecruteerd om als Gids voor aardse persoonlijkheden op te treden. Daartoe dient het al eerder genoemde Gidsleven op de aarde.

Supergidsen

Binnen elke zielsgroep van enig formaat zijn altijd een paar oudere, wijze zielen aanwezig, die fungeren als sturend organisme. Ik noem hen 'mentoren'. Deze oude en wijze zielen zouden krachtens hun persoonlijk trillingsgetal allang naar hogere gebieden afgereisd kunnen zijn. Zij kiezen er echter vrijwillig voor op een betrekkelijk laag geestelijk niveau te blijven om de aardse zielen op te vangen en te begeleiden. Ze adviseren deze zielen bij belangrijke keuzes, zoals het kiezen van ouders of een inlossen van karma. Er is heel wat meer overleg over een incarnatie dan je aan zou nemen.

Als iemand woedend reageert op 'die slechte ouders', komt dat meestal voort uit onbegrip en onwetendheid. Ze hebben hun ouders immers niet voor niets gekozen. Na hun dood komen ze wel degelijk tot inzicht dat er een bepaalde lering in die vervelende jeugd heeft gezeten.

Lichtwezens

Met Lichtwezens bedoel ik de zielen die zo hoog gestegen zijn in de andere wereld, dat je hen zou kunnen vergelijken met Engelen. Hun aanwezigheid is zo stralend en overweldigend, dat ze eigenlijk niet te benaderen zijn voor mensen met een laag trillingsgetal.

Lichtwezens hebben zoveel aardse levens geleid, dat zij de verschillende geestelijke lessen geleerd hebben. Ze hebben zich zo vergaand ontwikkeld, dat ze als Lichtwezens of Supergidsen aangeduid mogen worden. Natuurlijk weet ik hier niet alles over, dat zou onmogelijk zijn. Maar het is voor mij wel aannemelijk dat Lichtwezens de status van Engelen verdienen. Daarnaast denk ik dat er ook Engelen zijn die niet op de aarde hebben geleefd, maar die wel degelijk bemoeienissen hebben met het aardse leven. Ze kunnen weleens daadkrachtig in het leven van mensen ingrijpen, al wordt dit ingrijpen over het algemeen door je persoonlijke Gids gedaan.

HOOFDSTUK

II

Mijn Gidsen en hun aard

In mijn vorige boek beschreef ik de ontmoeting met mijn Hoofdgids Leila. Het was een spontane ontmoeting, die van haar uitging. Er zijn ook mensen die hun Gids via mij leerden kennen: met behulp van een speciale bandcursus, door het bijwonen van een voordracht met oefening, of via de radio.

Zoals ik na Leila meerdere Gidsen erbij kreeg, is dat in grote lijnen ook bij anderen voorgekomen; het kan dus net zo goed voor jou opgaan. Wie weet herken je er iets in. Laten we mijn Gidsen gemakshalve 'onze club' noemen. Ik zal ze hier één voor één in het kort beschrijven.

Corry

Eind 1985 kreeg ik een telefoontje van mijn vriendin en collega Rikky. Ze vertelde mij dat ik een extra Gids erbij gekregen had, die de naam Corry draagt. Ze lijkt een beetje op de bekende actrice Sjoukje Hooymaaijer. Ik was toen zo gefixeerd op Leila dat ik nog niet goed om mij heen gekeken had. Die avond na het bewuste telefoontje van Rikky keek ik met andere ogen om mij heen. Een beetje verbaasd bespeurde ik een donkere vrouw van een jaar of dertig met halflang donker haar, een ellipsvormig gelaat en bruine ogen. Ze vertelde dat ze mij voor het eerst had ontmoet in 1960. Corry werkte toen bij een uitzendbureau en ik bij een propaganda-instituut voor fotografie en smalfilm. Toen zij vertelde dat wij in die tijd over haar relatieproblemen hadden gesproken, kwam dat beeld heel vaag weer in mij boven. Later werden de beelden scherper.

Na haar plotselinge dood, ten gevolge van een auto-ongeval, was Corry aan Gene Zijde in contact gekomen met een andere vrouw die mij kende. Vervolgens is Corry via Leila bij mij gekomen. Leila gaf haar toestemming bij mij te blijven. Vanaf het eerste moment klikte het tussen Corry en mij. Zij is een waardevolle steun en fungeert als invalster wanneer Leila weggeroepen wordt voor rampen zoals aardbevingen. Mijn gevoelens voor Corry zijn heel diep. Bij het schrijven van dit boek zal ik steeds opnieuw het onvermogen voelen om bepaalde ervaringen op de lezer over te brengen. Als Corry op zo'n moment naar mij kijkt, heb ik altijd weer een gevoel van heimwee en weemoed. Die blik van haar zou de grootste ijsberg doen smelten.

Alie

Ooit werkte ik op een bank, als een vierkante pen in een rond gat. Daar leerde ik een gouden mens kennen, die ik de naam Alie zal geven. Ik liet haar weleens tekeningen zien die ik had gemaakt. Ik herinner mij nog hoe ik haar bewonderde toen ze als amateur-ballerina op het toneel stond, in de revue die de bank waar we werkten georganiseerd had. Na 1957 verloor ik haar uit het oog.

Ik was van baan veranderd en werkte inmiddels bij een foto-instituut. In die periode waren Tonny en ik net getrouwd en we hadden een schat van een kind gekregen. Ik was Alie nooit vergeten, al hadden we geen contact meer. In de tachtiger jaren stierf zij aan een nare ziekte, waarna zij in de andere wereld Corry ontmoette.

Het was in 1985, tijdens een zitting met Leila waarbij ik brieven behandelde, dat ik Alie weer ontmoette. We zaten midden in de sessie, toen er iemand binnenkwam. In eerste instantie herkende ik haar niet, ik zag alleen een donkere vrouw. Toen zij zich bekend maakte, omhelsden wij elkaar. Ik huilde. Ook nu ervaar ik weer dat het onmogelijk is dat gevoel op de lezer over te brengen.

Alie is nooit meer weggegaan. Op dit moment staat ze achter mij en kijkt mee naar het scherm van de computer. Ik ontvang veel warmte, ze is als een meer, zo ruim en open. In bepaalde gevallen geeft zij mij adviezen, vooral als het om ziekte gaat.

Alie heeft in de jaren dat ze nu bij me is haar levenservaringen grondig verwerkt. Haar inzicht is verruimd.

Tonny

Toen Tonny stierf, in de nacht van 2 op 3 januari, hadden wij van tevoren al afscheid genomen. We waren tweeëndertig jaar getrouwd geweest. Ze heeft een moeilijk leven met zeer veel pijn en ziekte gekend. Daardoor was ze blij en opgelucht dat ze uiteindelijk haar pijnlijke lichaam kon verlaten. 'Wij zullen vast wel een methode vinden om met elkaar in contact te komen', zei ze vlak voor haar dood. Dat bleek juist te zijn. Al duurde het een maand of acht voor het zover was. Tonny had veel tijd nodig om van haar aardse leven bij te komen. Maar eind 1985 was het zover, in uitgetreden toestand heb ik haar gezien. Ik zag hoe ze in de andere wereld met kinderopvang bezig was.

Kinderen die vroeg sterven zijn 'daar' immers weeskinderen. Ik weet nog hoe ik daar rondliep en mij een tikje overbodig voelde omdat ik zag hoe goed Tonny bezig was. Ze werkte hard en rende bedrijvig rond, druk doende met de kinderen. Het werd mij duidelijk dat er hier in een belangrijke behoefte voorzien werd. Tonny die daar zo rondrende, terwijl ze in de laatste periode van haar leven nauwelijks een kwartiertje kon lopen. Ook merkte ik dat de scherpe kantjes van haar schorpioenennatuur verdwenen waren. Zij was veranderd, veel meer ontspannen dan voorheen.

Na het werken met de kinderen wijdde Tonny zich aan muziek. Haar grote hobby tijdens haar aardse leven was pianospelen. De periode voordat zij stierf kon zij dat niet meer. Om dit gemis enigszins te compenseren luisterde ze naar klassieke muziek.

Tonny is in mijn leven een van de krachtstations waardoor ik geholpen wordt. Door de band die wij hebben, kreeg ik meer begrip voor mensen met pijnen.

In 1986 gaf Tonny aan een tijdje bij mij te blijven. Maar na dat jaar zei ze: 'Ik blijf bij jou tot je hier bent.' Je begrijpt dat ik daar ontzettend blij mee ben. Niet alleen ik ben bijzonder op Tonny gesteld, Leila deelt dit gevoel met mij.

Stefanie

In eerste instantie was Stefanie een Gids van mijn vriendin Rietje. In de prille ochtend, toen ik net wakker werd, was Stefanie daar. Haar jonge stemmetje klonk in mijn oren 'Hier ben ik Jantje, ik blijf bij jou.' Verbluft antwoordde ik: 'Lieve schat, ik pak geen Gidsen van anderen af, en zeker niet van Rietje.'

'Maar Jantje, het mag van Leila', riep Stefanie enthousiast. Ze kwam spontaan op mij afgestormd en ik voelde haar innige 'omhelzing'.

Duidelijk beduusd richtte ik mij tot Leila door me in te stellen op haar golflengte en zei: 'Wat is dat nou schat? Wat moet ik daar mee aan?'

Ik hoorde Leila's lach en haar signaal kwam mijn hoofd binnen: 'Ik vond dat ze dat maar doen moest, ze raakte zo in je ban en bovendien krijgt Rietje heel snel extra Gidsen, let maar op.'

Ik grinnikte toen het kwetterende stemmetje van Stefanie er meteen doorheen kwam met de woorden: 'Zie je wel, zie je wel, ik mag blijven! Ik hou van je Jantje!'

Later heb ik hele gesprekken met haar gevoerd. Zij spreekt mij consequent aan met 'Jantje', hoewel ze tijdens haar leven kleiner was dan ik ben. Na haar afschuwelijke dood waarbij ze onthoofd werd, heeft ze niet meer voor een nieuw leven gekozen.

Het kleine blondje Stefanie, met de blauwe ogen en de levendige gebaren, noem ik nu 'hummeltje'. Ik ben dol op haar en zou haar niet meer willen missen.

Geraldine

Mijn broer Kees is de wetenschapper in onze familie. Hij was chemicus en werkte op een laboratorium. Toen hij in aanraking kwam met de astrologie, omschreef hij dat als flauwe kul. Hij kon wetenschappelijk aantonen dat er geen fluit van klopte en wilde dat ook bewijzen. Vervolgens besteedde hij een paar jaar van zijn leven aan onderzoeken. Het liep anders dan hij vermoed had. Hij ontdekte zo veel, dat hij na drie jaar een uitstekend astroloog was! Inmiddels twee jaar geleden kreeg Kees, die niet alleen mijn broer maar ook mijn geestverwant is, bezoek van een Geraldine, een entiteit. Zij noemt zich Geral, uit te spreken als 'Djeral'.

'Je moet naar mijn broer gaan, die woont in Nederland', zei Kees tegen haar, die zelf in Spanje woont. En dat gebeurde ook, zo kwam zij in mijn leven.

Het eerste lange gesprek wat ik met Geraldine had was op een avond. 'Ik heb mij van het leven beroofd', vertelde ze me. Ze was behoorlijk van de kaart, dus troostte en hielp ik haar zo goed als ik kon. Geral vertelde dat ze opnieuw zou incarneren. We namen afscheid, maar drie dagen later was zij er weer! 'Er heerst in jouw club zo'n fijne sfeer. Jullie gaan zo levendig met elkaar om. Ik voel hoeveel jullie van elkaar houden, mag ik nog even blijven?'

'Geen probleem', zei vader Kleyn.

Dat 'even' werd heel lang, en de gesprekken die wij voerden in die periode, leidden tot een stevige band tussen ons. Geral werd op een specifiek terrein mijn helpster. Ik krijg namelijk veel mensen in mijn praktijk die in vorige levens zelfmoordpogingen hebben gedaan. Voor de sessie begint, weet ik in de meeste gevallen al, via Leila of Geral, wat er met hen gebeurd is. Dus hoeven die mensen in mijn praktijk niet vele keren terug te komen. In de regel knappen zij ook enorm op van een regressie-sessie.

Anna

Anna was enige tijd de hekkesluiter van de club. Maar vlak haar vooral niet uit. Toen ik een jonge jongen was, kende ik Anna al. Zij woonde vlak bij ons en was toen minstens twintig jaar ouder dan ik. Altijd weer werd ik getroffen door haar warme uitstraling. Het eerste contact ontstond via de paragnoste Sita ten Cate. Op een avond van de Vereniging van Parapsychologie – waarvan ik oprichter en voorzitter was – zei Sita tegen mij: 'Er is een blonde vrouw, die maar roept: "Ik ken Jan heel goed, ik ken hem al jaren, ik ben Anna".' Op dat moment was Anna al een poosje in de andere wereld en ik kon die naam dan ook niet meteen plaatsen. Pas de volgende dag schoot het mij te binnen. Dié Anna…! Gunst zeg, wat leuk. Vanaf dat moment stelde ik mij op haar in en kwam zij inderdaad op bezoek. Soms was ze er ineens, dan weer bleef ze een poosje op de achtergrond. Na verloop van tijd kwam Anna steeds dichter naar mij toe. Telkens voelde ik haar openheid en warmte sterker in mij opwellen. Iedere ontmoeting was als een warm bad, en ik merkte dat Anna het vermogen heeft mij van mijn stress te bevrijden.

Ik vergeet nooit het moment waarop ik wist dat ook zij nu bij de club hoorde. Dat moment voelde Anna ook. Als een orkaan van warmte en kracht kwam zij tot mij. Ik voelde mij compleet door haar opgenomen en wij vierden een geestelijk feest.

Anna is inmiddels onmisbaar voor mij geworden. Ach ja, ik hou van mensen, in welke dimensie zij zich ook mogen bevinden.

Leila

Ik heb haar de naam Leila gegeven, haar eigenlijke naam is Matana. De naam Leila vond ik gewoon mooi en de naam Matana klinkt wat zweverig en een beetje onaards. In 'paraland' is Leila bij duizenden mensen bekend door diverse radio- en televisieprogramma's waarin ik haar altijd voorstelde. Maar ook door publikaties in tijdschriften, het vorige boek dat ik schreef en de lezingen die ik tot dusver heb gehouden. Wij laten het maar zo, al is Leila in feite een kosmos op zichzelf.

Toen ik ooit met de 'I Tjing' begon – een Chinese orakelmethode – was mijn eerste vraag: 'I Tjing, wat is Leila?' Ik wierp toen zes keer munt en zes geladen (hele) lijnen. Toen ik de betekenis daarvan in het boek opzocht, was ik even perplex. Hexagram nummer één betekent Tj'ien en dat is hemel. Het betekent ook inspiratie. Nu wordt een geladen lijn in zijn betekenis omgekeerd waardoor er een tweede hexagram ontstaat. Nummer twee geeft K'oen of Aarde, ook wel aangeduid als vruchtbaarheid en het vrouwelijk principe.

De I Tjing had het niet beter kunnen verwoorden, Leila is zowel scheppend als vruchtbaar. Zij is ook mijn lerares; vertelde al in 1975 over de achtergrond van paranormale verschijnselen die alleen te vinden is in de quantummechanica, de nieuwe natuurkunde. Leila vertelde mij over het verschijnsel Oergidsen en karmische vrienden. Ze leerde mij ook hoe ik met mijn telepathische vermogens kan omgaan en over de beperkingen van het paranormale. Nooit was zij zweverig, het 'hallelujah-gedoe' is haar vreemd. Toen ze op een keer haar visie op God gaf, zei Leila: 'God is een witte, milde kracht die in alles wat geschapen is zetelt. Jij bent er een deel van, maar ook de rots, de rivier, het dier, de verre zonnen en planeten.

Leila was er in de grootste benauwenis nadat Tonny gestorven was, maar ook in vreugdevolle tijden. Haar gevoel voor humor is mij een waar genoegen. Nooit laat ze mij vallen en telkens weer voel ik bij alles waar ik mee bezig ben, de grote kracht van Leila achter mij. Nooit doe ik tevergeefs een beroep op haar, ik kan letterlijk tegen haar aanleunen. Voor mij is Leila de hemel en ben ik de aarde.

Rita

Afgelopen zaterdagavond was ik in uitgetreden toestand bij Alie, 'op haar plaats' waar de hele club aanwezig was. De week werd doorgesproken. Het ging over de behandeling op afstand van een driejarig jongetje met suikerziekte. Ik hoorde dat hij nog wel injecties kreeg, maar dan de helft van de dosering die hij ontving toen wij met hem begonnen.

Een patiënte met een allergie meldde dat zij een heel stuk was opgeknapt en weer dingen kan eten zonder allergische reacties te krijgen.

Ineens viel mijn blik op een aardige, donkere vrouw die wat achteraf stond. Ik schatte haar een jaar of dertig. Ik weet nog dat ik dacht:

hé, een passante. Dat gebeurt namelijk wel vaker. Geïnteresseerden kunnen dan zien hoe wij met elkaar omgaan.

Zondagavond was de aardig ogende, donkere vrouw er weer. In een flits wist ik: dat is Rita. Zij is een vriendin uit de jaren zestig, die samen met haar echtgenoot regelmatig bij ons op bezoek kwam. Toen zij scheidde verwaterde dit contact. Na de dood van Tonny heb ik nog een enkele keer telefonisch contact met haar gehad, maar uiteindelijk verloor ik haar uit het oog.

Nu was zij er weer, en zoals de meeste mensen in de andere wereld, bleek zij een verjongingskuur te hebben ondergaan.

'Ben jij uitgetreden?' vroeg ik haar.

'Uitgetreden? Ik ben dood jongen, nou ja dood... mijn lichaam althans.'

'Maar Rita, hoelang is dat geleden?'

Ze lachte even en vertelde: 'Ongeveer twee maanden, ik let hier niet zo op data.'

Ik knikte begrijpend, zei dat ik mij dit goed kan voorstellen omdat onze tijd 'bij haar' geen betekenis heeft. Toen kwam ze naar mij toe en omhelsden wij elkaar. 'Wat kom je nu doen Rita?' vroeg ik.

'Jou helpen als het mag, ik weet wat je doet.'

Na een korte aarzeling zei ik dat ik dit eerst aan Leila moest vragen.

Rita schudde haar hoofd: 'Niet nodig, dat heb ik al gedaan. Van haar mag het.'

En zo kom je aan je Gidsen.

De dag na onze ontmoeting heb ik Rita's vroegere telefoonnummer gedraaid. Uit de opgevraagde informatie bleek dat dit nummer twee maanden geleden was opgeheven. Een paar dagen later behandelde ik op afstand de rug van een van mijn beste vriendinnen. Tijdens de behandeling was de kracht en hulp van Rita duidelijk en sterk voelbaar.

Een blik op de wereld van de Gidsen

Er zijn veel mensen die een bijna-doodervaring hebben gehad, een zogenaamde BDE. Zij hebben op het randje van de dood gezweefd, als gevolg van een ziekte of ongeluk. Ervaringen van deze mensen leren, dat zij door een tunnel zijn gegaan en met kracht naar een enorm licht toegetrokken werden. Als zij daar graag wilden blijven, hoorden men in vele gevallen dat zij op aarde nog niet klaar waren en hun tijd nog niet was aangebroken. De meeste BDE-ers vertelden over een schitterend, groen landschap, overgoten met een stralend wit licht. Zij zagen daar gestalten, mensen die zij herkenden uit het aardse leven en die sinds langere of kortere tijd gestorven waren. Spiritisten noemen dat land het 'Voorjaarsland'. Er is ook een 'Zomerland', de plek voor degenen die zich al wat langer in die gebieden bevinden. Leila heeft mij eens hier mee naartoe genomen. Achteraf heb ik de indrukken die ik opdeed, vastgelegd in aquarellen. Dat leek best aardig, maar ik kon nooit precies op papier overbrengen wat ik daar gezien heb. Met de aardse kleuren krijg je niet dat schitterende. Het is net alsof alles daar, zoals bomen, huizen en bergen, van binnenuit verlicht worden. Alles heeft een krans van licht en een schoonheid aan kleuren. Oppervlakkig gezien lijken de landschappen en steden nogal aards; het is dan ook gevormd door de gedachten van mensen van de aarde.

De 'stralingsdeeltjes' die in de andere wereld de materie vormen, reageren gemakkelijk op je gedachten en nemen spontaan alle denkbare vormen aan. Als gedachten goed en positief zijn, ontstaan er mooie vormen. In tegenstelling tot sombere en negatieve gedachten, waardoor er lelijke vormen ontstaan zoals demonen en vreemdsoortige dieren.

Na de aardse dood kom je op de plek die overeenkomt met jouw eigen trillingsgetal. Geef je tijdens het aardse bestaan alleen om geld, dan wordt het een omgeving waar geldmaniakken leven. Als je een alcoholist bent, kom je in een omgeving terecht met een stel drinkebroers. Is het seks, dan kom je in een omgeving die aan een bordeel doet denken.

De sfeer waar je in terecht komt, hoeft niet je blijvende stekje te zijn. Er is altijd nog zoiets als een leerproces. De gewenning speelt parten en er is eveneens verveling, want de lol gaat eraf.

Dit alles heeft met 'wensvervulling' te maken. Hoe meer je hebt leren relativeren, inzien dat alles betrekkelijk is, hoe eerder je van trillingsgetal verandert en loskomt van het oude patroon waarin je zat.

Er zijn boeken die al deze negatieve dingen met een waar genoegen uitspinnen en iets stellen van: lekker eigen schuld, dikke bult. Die schrijvers schijnen te genieten als zij anderen angst voor de dood aan kunnen jagen. Dat is niet de manier natuurlijk, zoiets werkt helemaal niet. Degenen die echt fout leven – zoals drugsbaronnen, -dealers, criminelen en losbollen – lezen zulke boeken toch niet, zo simpel is dat. Mijn persoonlijke ervaring leert dat mensen meestal eerder tot inzichten komen dan verwacht. Hun Gids staat op dat moment klaar om hen verder te helpen.

Onlangs kreeg ik een vrouw op de bank voor regressietherapie. Zij was geboren in juli 1945, krap twee maanden na de Tweede Wereldoorlog. De vrouw vertelde dat ze een kampcommandant was geweest in Polen, waar vele joden waren omgebracht. Toen de Russen naderden, had ze een gifpil ingenomen om te voorkomen dat ze gevangen zou worden genomen, waarna vermoedelijk een doodvonnis zou volgen. Na de geslaagde zelfmoordpoging kwam ze in de Hades (schaduwrijk), een donkere en koude omgeving of golflengte. In deze sfeer was er maar één motto: *waarom* deed ik dat? Na anderhalve maand kwam de vrouw uit die donkere sfeer, passeerde het licht en stond ineens voor haar mentoren (geestelijke leiders). Zij vertelden dat het beter voor haar was om terug te keren naar de aarde. De vrouw ging met grote tegenzin haar nieuwe, aardse leven in. En er ging dan ook veel fout, zij kreeg niets cadeau in haar leven.

De regressie-sessie die ik met haar deed, gaf haar het nodige inzicht. Zij kreeg contact met haar Gids en vernam, dat als de vrouw positief zou leven en zich inzette voor anderen, haar innerlijke rust hersteld kon worden.

Het gaat, zoals je hier leest, vaak anders dan in bepaalde boeken wordt vermeld. Die werelden zijn niet allemaal even leuk, maar jij bepaalt in feite zelf op welke golflengte je gaat zitten; waar je terecht komt.

Het verblijf in die andere sferen duurt meestal geen eeuwen, al lijkt het wel langer dan in werkelijkheid het geval is. Het psychologisch effect van tijd speelt een rol, vergelijk een werkweek maar eens met een week vakantie.

Er zijn mensen die woedend worden om hetgeen ik hier schrijf, omdat volgens deze theorie hun genoegdoening niet bevredigd wordt. Dergelijke gevoelens ontstaan als iemand meent dat als hij of zij 'netjes' leeft, wat het alleenrecht verzekert op een gouden stoel in de hemel. Alle 'slechterikken' moeten natuurlijk voor eeuwig wenend en tandenknarsend boeten voor hun fouten; zij zijn immers voor goed verdoemd naar helle-oorden.

Gedachtenvormen

De wereld waar we na ons na de dood bevinden, berust op een reeks ongekende en voor ons nieuwe natuurwetten. Dit heeft allemaal te maken met de quantummechanica, de leer van de kleinste deeltjes, de quanten. Men ontdekte bij het bestuderen van deze allerkleinste deeltjes (mu-messonen en tachyonen, om een paar namen te noemen) dat zij vreemd genoeg reageerden op menselijke waarnemingen. De processen verliepen op een andere wijze als personen de processen gadesloegen. Hierdoor ontstond de stelling 'De waarnemer beïnvloedt het proces'.

De quanten zijn in feite niet alleen de allerkleinste delen, het zijn ook golven: In een cyclotron (een machine die de deeltjes versnelt om ze zo te bestuderen) reageren de quanten op de geleerden die hen bekeken. Zouden de nog fijnere deeltjes – ik noem ze psychonen – in de andere wereld nog eerder op ons reageren? Dat verklaart misschien het ontstaan van landschappen en gebouwen. Het zijn immers de menselijke gedachten die hier de vormen scheppen. Op zich is dat niet zo vreemd, ook op aarde zijn gedachten van mensen de basis van allerlei vormen. Een mens schept, creëert en ontwerpt. Zonder gedachten bestond er niets. Op aarde moeten wij de gedachten met behulp van materialen als ijzer, hout of plastic vormgeven. In die andere wereld dienen deze merkwaardige deeltjes als bouwmateriaal.

Een losse gedachte kan in bepaalde gebieden al een vorm creëren. Iemand die er van overtuigd is dat hij na zijn dood in een hel komt, vormt deze denkbeeldige hel direct, compleet met duivels en al. Wordt die gedachte ondersteund door andere personen, dan kan er iets ontstaan met een grotere dichtheid. Is er dus een hel? Zodra er maar de minste twijfel aan het bestaan van een hel ontstaat, komt er automatisch een tegenkracht. Hierdoor 'trekt de mist op' en de hel verdwijnt. Het is je eigen overtuiging waarmee je iets schept, wat net zo goed voor deze wereld geldt als voor die andere.

Als personen met gelijke levensopvatting op een zelfde golflengte terechtkomen, vormen hun gezamenlijke gedachten een gebied. Zo ervaren mensen met een orthodoxe levensovertuiging een hemelse vader op een wolkentroon, met tienduizend zingende Engelen er omheen. De moslim daarentegen zal zich aan Allah's voeten vleien en zich vergapen aan de prachtige vrouwen, de hoeri's (geen prosti-tuées), die de mannen daar met alles terwille zijn.

Blijft zo een wereld dan ook bestaan en aanwezig? En kunnen wij daar ook heen reizen? Als wij vanaf onze wolkentroon een kleine draai aan ons stuur geven, belanden we wellicht in het walhalla der Germanen en drinken we bier uit de schedels van verslagen vijanden. Of zoeken we onze wereld bij de 'Eeuwige Jachtvelden' van de indianen?

Mooi geregeld hè? Elk individu schept zijn eigen hemel, zijn hel of vagevuur. Zo is er eveneens een hemel van de hindoes, de boeddhisten en de vrijzinnige christenen.

Ik vraag me weleens af of er ook een hemel is voor de atheïsten, de niet-gelovigen. En zo ja, zou er dan ook daadwerkelijk helemaal niks zijn in hun hemel?

Wat is eigenlijk **ècht?**

Als ik moet antwoorden op de vraag wat er nu echt is, zeg ik: 'Lieve lezers, wat *is* echt?' Echt is datgene waar jij momenteel in gelooft, tot het moment waarop je inzicht groeit en je een station verder komt.

Ik ken een verstokte cynicus die in niets geloofde, totdat zijn zeventienjarige zoon plotseling stierf aan een overdosis drugs en de man kort hierna in het holst van de nacht wakker werd. Hij hoorde zijn zoon klagelijk roepen: 'Pa, vergeef me, ik ben dom geweest.' De jammerlijke toon waarop de jongen de woorden had uitgesproken, ging hem door merg en been. Ook de moeder van de jongen had de woorden van haar zoon gehoord en was badend in het zweet wakker geworden. De stem van de zoon was nu weg. De man en vrouw keken beduusd om zich heen, maar zagen niets.

Als je zoiets aan anderen vertelt, zal je misschien wel te horen krijgen dat dat verhaal onzinnig is en zoiets natuurlijk niet kan. Critici zullen zeggen dat hier vermoedelijk het schuldgevoel van de vader aan het woord was. Toch heeft zijn vrouw het ook gehoord.

Nu was de man zoals aangegeven wel cynisch, maar een rotvent was hij zeker niet. Ondanks de problemen waar hij tegenaan liep, had hij gewoon zijn best gedaan voor zijn zoon.

De gebeurtenis tijdens die bewuste nacht liet hem niet meer los. Toen een kennis hem adviseerde zich met mij in verbinding te stellen, aarzelde hij nog even maar besloot weldra contact met mij op te nemen. Hij wist dat ik een PR-adviseur was en vermoedde met een nuchter mens te maken te hebben. Aanvankelijk begon hij zijn telefoongesprek wat schuchter, maar weldra ontstond er een goed gesprek. We kwamen overeen om een speciale sessie te doen met het oog op zijn rouwverwerking. Tot mijn verbijstering bleek de man daar veel meer voor open te staan dan ik had durven dromen. Hij kreeg tijdens de sessie persoonlijk contact met zijn zoon en huilde of zijn hart brak. Bovendien ontmoette hij een schat van een Gids die in het jaar 1100 zijn echtgenote was geweest.

Zij vertelde mij: 'Hij is altijd al panisch voor de dood is geweest. Zijn cynisme heeft als een ijzeren harnas gediend, totdat de zoon dat pantser heeft laten smelten.'

Tijdens de dialoog tussen de Gids en mij luisterde de man mee. Hij kreeg veel indrukken en was net zo verbijsterd als ik. Gelukkig begrijpt hij nu waarom sterven geen doodgaan betekent. De man beseft ook dat zijn zoon en hij elkaar meer na staan dan ooit tevoren. Hij weet inmiddels dat de jongen in die wereld met extra zorg wordt omringd en geestelijk klaar gestoomd wordt voor een nieuw leven. Een leven waarin hij zelf drugverslaafden zal gaan helpen: de junk van vandaag is de helper van morgen. Geen eeuwige verdoemenis dus, maar een uiterst positief besluit van de grote witte kracht die wij God noemen.

Ik herinner me nog dat de man tijdens de sessie diep onder de indruk was terwijl hij uitriep: 'Is dit nu echt? Ik zie mijn zoon en hij huilt, oh God, er is dus toch een God!'

Naderhand ben ik nog gebeld door zijn vrouw. Enthousiast vertelde zij hoe haar echtgenoot na de bewuste sessie een ander mens geworden was. Hij is inmiddels belijdend lid van een vrijzinnige kerk en kijkt met compleet andere ogen de wereld in.

Echt is dus datgene wat jouw hart je ingeeft. Wij groeien, en telkens komen er nieuwe werkelijkheden op ons pad. Die wereld daar hoort bij het aardse leven hier. De scheidslijn is alleen dik en onoverschrijdbaar als je die andere wereld ontkent. Erken je daarentegen het bestaan hiervan, dan zul je uitsluitend mildheid en waarachtige liefde tegenkomen. Je ontdekt een ruimte, een 'breedheid' en onvoorstelbaar veel licht. Deze beschrijving van die wereld vind je terug bij vele mensen; je hoort het van personen die een sterfbedvisioen hebben gehad, maar ook van hen die een bijna-doodervaring of piekervaring hebben meegemaakt. Tijdens een regressiesessie beleven veel mensen het moment van sterven in hun vorige leven opnieuw en vertellen hier geëmotioneerd over.

In feite komen al die ervaringen, zoals het loskomen van het lichaam, het eruit opstijgen en het verlaten van de aardse sfeer, op hetzelfde neer. In de meeste gevallen ziet men een groot stralend licht en vinden er ontmoetingen met Gidsen, Engelen, overleden familieleden en vrienden plaats.

Er wordt weleens gezegd dat al die ervaringen door medicijngebruik ontstaan. Toch zijn er zowel kinderen als volwassenen met bovengenoemde ondervindingen, die tijdens hun ervaring geen chemische medicijnen gebruikten. Vanuit de psychologie wordt de bijna-doodervaring als een hallucinatie beschouwd. Dit lijkt echter onwaarschijnlijk aangezien er ook gebeurtenissen worden beschreven die tijdens de klinische dood ook daadwerkelijk plaatsvonden. Of dat nou in de ruimte was waar de bewuste persoon zich bevond, of elders.

Die andere wereld moet overigens niet gezien worden als een vaste plek die ergens duizenden kilometers verwijderd van de aarde ligt. Het is eerder een bepaalde golflengte. Alles wat je daar ziet, is een schepping van de geest. Men creëert zijn eigen wereld, om die vervolgens weer los te laten. Het betreft hier een puur psychisch ervaren en is gewoonweg niet in aardse woorden te omschrijven. Dat wat ik opsomde over een walhalla – een hemel voor fundamentalisten of vrijzinnige christenen – is een menselijk scheppen dat ontstaan is uit de behoefte onze stoffelijke aarde te imiteren. Aan de overkant passeer je steeds een sluis, telkens opnieuw 'loslatend' en verder stijgend. Tot het moment komt waarop je de keuze maakt terug te gaan naar het aardse leven, of voorgoed in die andere wereld te blijven.

Hoeveel levens heeft een mens?

Een veel gestelde vraag tijdens mijn voordrachten is: 'Hoeveel levens heeft men gemiddeld op het aardse vlak?' Mijn mentor op het gebied van regressies, auteur Hans ten Dam, spreekt in zijn boeken van maximaal honderd aardse levens. Hoe hij daaraan komt? Vrij simpel, gewoon door de regressies die hij en vele collega's hebben gedaan bij duizenden mensen. Niet iedereen maakt die honderd levens vol, er zijn personen die twintig keer op aarde terugkeren en weer anderen stoppen pas na vijftig levens. Tja, vanuit andere bronnen heb ik verhalen vernomen over mensen die honderden, ja zelfs duizenden, leven hebben gehad. Ik zeg nooit, nooit. Zoveel levens te leiden is uitzonderlijk. Als dit inderdaad voorkomt, zal het vermoedelijk om een oeroude ziel gaan die niet alleen op aarde, maar ook op andere planeten heeft geleefd. Ik ruil mijn gedachten daarover in, als ik sterke feiten onder ogen krijg die mij daartoe nopen. Dat lijkt mij beter dan als een soort parapsychologische Jehova's Getuige in het leven te staan. Het is altijd goed om jezelf open te blijven stellen voor andere opvattingen. Toets ze en probeer de moed op te brengen om dat andere te aanvaarden. Voorlopig houd ik het maar op de informatie die mij via regressies bereikt.

Bevalt het iedereen in die wereld?

Is het leven aan die andere kant zo fijn, dat het iedereen bevalt? Volgens ietwat zweverige boeken wel; al blijkt uit veel ervaringen tijdens regressies of uittredingen weleens het tegendeel. Zoals de man die ruim een jaar na zijn dood zich nog steeds niet thuis voelde in de andere wereld. Toen hij contact kreeg met een paragnost, vertelde hij wat hem dwars zat: 'Ik zit hier maar wat en voel mij niet thuis. Het is een rare wereld, waarin ik niet hoef te eten of te werken. De bomen groeien hier soms zomaar in de lucht en een plant heeft tegelijkertijd vijf soorten bloemen. Ik krijg er geen grip op.'

Ongeveer een jaar na dit gesprek is de man geïncarneerd; te haastig en zonder voldoende overwegingen. Hij incarneerde alvorens zijn vorige leven op aarde voldoende verwerkt te hebben. Het zou me niets verbazen als hij over twintig jaar op de bank van een regressie-therapeut ligt.

Is wat geesten zeggen altijd voor 100 procent waar?

Een man in mijn woonplaats houdt hardnekkig vol dat de aarde plat is. Hij weet dat zeker want geesten hebben hem dit verteld. Hij heeft dan ook allerlei theorieën ontwikkeld om die gedachte te steunen.

Ik ken iemand die meent dat reïncarnatie niet bestaat, dat is hem tevens door geesten verteld. Ook deze man heeft prachtige theorieën waarmee hij zijn standpunt kracht bijzet.

Weer een ander beweert dat geesten hem toevertrouwd hebben, dat er geen persoonlijk leven na de dood bestaat. Wel is er, volgens zijn zeggen, een hemel waar geesten verblijven, maar die weten niet meer wie ze waren toen ze op aarde leefden.

Ik denk persoonlijk, dat ook degenen in die andere dimensie niet alles weten. Er bestaat waarschijnlijk net als hier een groeiend inzicht; je kunt er leren waardoor je steeds meer te weten komt.

Een klein voorbeeld: toen ik voor een paar jaar naar Indonesië ging en daar inmiddels drie weken was, beschreef ik vol overgave mijn indrukken in de brieven naar het thuisfront. Ik dacht toen al een Indonesië-kenner te zijn. Pas drie jaar later kreeg ik het besef dat ik dit onmogelijk kon zijn of worden, al zou ik er de rest van mijn leven doorbrengen.

Dit kun je vergelijken met de geesten die pas gearriveerd zijn aan de andere kant. Ze vertellen mediamieke personen hier op aarde maar al te graag over de overweldigende indrukken die zij daar opdoen. Toch zijn dergelijke waarnemingen vaak oppervlakkig. De geesten zijn nog zo onder de indruk van alle nieuwe ervaringen, dat zij overlopen van 'communicatiedrift'. Bovendien zijn ze nog erg sterk verbonden met de aarde. Hierdoor vloeit heel wat nonsens uit hun mond, en in sommige gevallen komen die in gedrukte vorm bij de mensen terecht.

Oudere zielen bemoeien zich niet meer zo erg met de aardse mens als jongere zielen, maar geven hun kennis veelal door als inspiratie. Denk maar aan de schitterende symfonieën van Beethoven, de composities van Bach en het indrukwekkende werk van de begaafde kunstenaars onder ons. Wanneer een mens impulsen vanuit die andere wereld noteert of hardop herhaalt, spreken we over 'channelen', het Engelse woord voor kanaliseren. De impulsen die zo'n oudere ziel doorgeeft, moeten eerst nog het denkbeeld passeren van de ontvanger. Als deze bijvoorbeeld een bepaald geloof heeft, is de kans levensgroot dat zijn overtuigingen de uitspraken kleuren. In boeken die via het 'channelen' tot stand zijn gekomen – opgeschreven door mensen die zeggen hun kennis van geesten te ontvangen – is dat in veel gevallen merkbaar. Dit verklaart de tegenstrijdigheid die je in sommige boeken over paranormale onderwerpen tegenkomt.

Wat is de ware Gids?

- Een ware Gids is een dienaar van de oprechte liefde.

- Een Gids is niet partijdig en kiest niet voor een bepaalde religie. Maar als jij je doel kunt bereiken met behulp van een speciaal geloof, zal hij jou daar zeker in steunen.

- Een echte Gids discrimineert niet naar huidskleur, ras of politieke overtuiging.

- Een Gids is een vertegenwoordiger van de hoogste instantie die er is: de grote Kosmos, God, Allah, Manitou. Kortom, iemand van het Licht. Dat Licht kent geen wraak en geen vergelding, alleen begrip en erbarmen.

- Een Gids kiest wel voor jouw geluk, maar nooit en te nimmer ten koste van het geluk van anderen.

- Een Gids leert jou je lessen leren door je ogen te openen, niet door dwang.

- Een Gids kent geen groter geluk dan te ervaren dat jij op de goede weg bent in je levensplan.

- Een Gids is niet jaloers. Niet op je partner of op je kinderen, niet op je vrienden en zeker niet op jouw andere Gidsen. Jaloezie is een aards verschijnsel, gebaseerd op angst, en omdat een Gids geen angst kent, is hij dus ook niet jaloers.

- Een Gids kent geen dag of nacht, geen maand of uur. Vermoeidheid is hem vreemd. Al is de Gids 'even elders' met zijn gedachten, hij is altijd per noodtelefoon bereikbaar. Bij de kleinste kik van jouw kant is je Gids er, totaal en volledig alert op jouw welzijn.

- Een Gids is niet het hoogste principe, maar leeft duidelijk meer in harmonie met het Goddelijke dan wij.

HOOFDSTUK

III

Over zwarte Gidsen en hoe je die krijgt

Over gesprekken met Gidsen zijn boeken vol te schrijven. Er worden ook cursussen gegeven om dit zogeheten 'channelen' te leren. Sommige mensen laten hun lichaam volledig door hun Gids overnemen. Door middel van het menselijke lichaam praat de Gids met zijn eigen stem en mimiek. Enkelen menen dat zij dit gerust zonder gevaar kunnen doen. Dat is helaas geheel of gedeeltelijk bedrog, soms zelfbedrog. 'Channelen' kan wel degelijk gevaarlijk zijn.

Er zijn veel gevallen bekend van personen die spontaan één of meerdere stemmen in hun hoofd hoorden. In de geschiedenis leren we daarover meer. Jeanne d'Arc is een bekend voorbeeld hiervan. De stemmen in haar hoofd zetten haar aan een oorlog te beginnen tegen de Engelse bezetters, met als doel een Franse koning op de troon te krijgen.

In Nederland zijn, ruw geschat, honderdduizend mensen die 'ongewild' één of meerdere stemmen in hun hoofd horen. In veel gevallen begint het met een stem die meestal opvallend aardig en lief overkomt. Vaak wordt de persoon in kwestie eerst verteld, dat hij te maken heeft met een hoge geest als Jezus of Maria. Na verloop van tijd valt echter het masker en probeert de stem controle over het slachtoffer te krijgen. Deze machtsstrijd verandert de stemmen van lief naar agressief.

In dergelijke gevallen zou je van zwarte Gidsen kunnen spreken. Vaak geven zij opdrachten, en als deze bevelen niet worden uit-gevoerd, wordt het slachtoffer gekweld. Bovendien krijgt men in sommige gevallen ook nog last van psychische leed.

Gelukkig is het verschijnsel 'stemmen in je hoofd' in veel gevallen te verhelpen. Net als bij elke ziekte (het is namelijk een ziekte) geldt: hoe eerder je het herkent, des te makkelijker het te bestrijden is.

Ik vertel nogmaals met grote nadruk, dat een Gids vrijwel *nooit* uit zichzelf praat. Hij kan wel adviezen geven als 'Probeer eens geen koffie te drinken, je maag kan daar niet goed tegen' maar hij zal nooit zeggen 'Geef jij je vrouw maar eens een mep, dan komt het wel goed.'

Ik kan dit niet vaak genoeg herhalen, daarom zal ik hieronder een opsomming geven wat de oorzaken kunnen zijn als men stemmen hoort:

• Incest (seksueel misbruik op jonge leeftijd door bloedverwant)

Incest kan leiden tot het zogenoemde MPS, het 'Meervoudig Persoonlijkheid Syndroom'. In de psyche kunnen delen van je zogenaamde hoofd-Ik zich opsplitsen. Er kunnen dus meerdere 'Ikken' zijn die allemaal een eigen karakter hebben, een eigen leven leiden en zelfs kunnen praten.

• Obsessie of bezetenheid

Bij bezetenheid wordt vaak aan een entiteit of geest gedacht, maar zelden aan een goede. Wanneer iemand in een ernstige geestelijke of lichamelijke crisis komt, kan hij ontvankelijk worden voor obsessies. Het krachtveld om het menselijk lichaam dat wij als aura aanduiden, is in dat geval eigenlijk 'lek'. Achter in de nek nestelt zich iets wat er uitziet als een zwarte bol. Zo zien althans paragnosten en ook de slachtoffers het tijdens een trance. Via deze bol schijnt de entiteit telepathisch contact met het slachtoffer te onderhouden. Het slachtoffer heeft meestal onvoldoende geestelijke weerstand om de sterke telepathische impulsen die zich opdringen te weerstaan. Hoe zwakker de persoonlijkheid, hoe ernstiger het probleem.

• Reïncarnatie-obsessie

Een mens die meerdere levens geleid heeft, is te vergelijken met de inhoud van een stapel boeken of met een serie videobanden. Elk boek en elke band laat een persoonlijkheid met een eigen karakter en een unieke geschiedenis zien. Wanneer een van die persoonlijkheden een plotselinge of traumatische dood heeft ondergaan en geen flauwe notie had van een leven na de dood, kunnen er in latere levens problemen ontstaan, zoals obsessies. Bij een reïncarnatie-obsessie duikt er een persoonlijkheid uit een van de vorige levens op, die zichzelf als feitelijke bezitter van het nieuwe lichaam ziet. Diens stem hoort de huidige persoonlijkheid in zijn hoofd, en zo ontstaat er een strijd om het eigendom van het lichaam.

• *Schizofrenie*

Schizofrenie is een ziekte waarvan de oorzaak niet echt bekend is, al bestaan er wel vermoedens over. Feitelijk betekent het 'gespletenheid der ziel'. Toch is deze naam niet helemaal juist, want iemand die aan schizofrenie lijdt, hoeft per definitie niet een meervoudige persoonlijkheid te hebben. Wel heeft zo iemand vreselijke last van grote angsten; hij voelt zich verward en denkt in veel gevallen dat de gehele wereld tegen hem is. De zieke hoeft er helemaal niet abnormaal uit te zien, en je kunt gewoon een gesprek met hem voeren.

'De schizofreen' bestaat niet, want er zijn er geen twee gelijk. De zieke wordt geplaagd door verschijningen die voor hem zeer bedreigend kunnen zijn. Vaak hoort hij ook stemmen, die al even agressief zijn. Soms is de achtervolgingswaanzin waar hij aan lijdt opvallend sterk.

VOORBEELD: wanneer jij in een winkelstraat drie mensen met elkaar ziet praten, zal je dat niet ongewoon vinden en gewoon doorlopen. Iemand met achtervolgingswaanzin echter, denkt in zo'n geval zeker te weten dat die mensen over hem praten; hij kan zelfs denken dat het om een complot gaat.

Er lijken lichamelijke oorzaken voor deze kwaal te zijn, zoals stoornissen van de stofwisseling. Sommige wetenschappers beweren dat er sprake is van een erfelijke aanleg. Persoonlijk denk ik, dat bij gevallen van schizofrenie de afscherming tegen telepathische indrukken beschadigd is. Maar daarover straks meer.

Ongewild stemmen horen kan dus verschillende oorzaken hebben. Mocht het zich bij jou voordoen, dan kun je met behulp van bovenstaande omschrijvingen zelf al enige indruk krijgen onder welke categorie je valt. Het feit dat iemand bezeten kan zijn door geesten wordt niet door iedereen aanvaard. Vooral in de psychiatrie meent men dat een mens een gesloten systeem is; dus alle indrukken komen van binnenuit, uit de eigen psyche.

Het woordje 'gek' gebruik ik liever nooit, dus ook niet voor bovenstaande voorbeelden. Echte gekken zie ik trouwens vaker in de zogenaamde 'normale' maatschappij, en die zijn misschien wel het gevaarlijkst.

Wat doe je er aan?

Stemmen in je hoofd, regelmatig hoor je het gezeur. Soms beperken ze zich tot een gemurmel op de achtergrond, vrijwel onverstaanbaar. Dan zijn het weer luide, duidelijk hoorbare en agressieve stemmen. Er zijn stemmen die opdrachten geven en je bestraffen als je weigert ze uit te voeren. Het medicijn Orab kan deze stemmen enigszins verstommen; jammergenoeg maakt dit middel je wel nogal duf.

Mocht je nu of in de toekomst last van stemmen hebben, dan kun je bij mij een zogenaamd 'anti-stemmenbandje' krijgen. Het enige wat je hoeft te doen, is een geluidscassette (C60) op te sturen naar mijn adres (bekend bij mijn uitgeefster) met drie postzegels van 80 cent. Zend het in een zogenaamd 'monsterzakje', dat in elke boekhandel te koop is. Doe er een briefje bij waarop duidelijk je naam en adres vermeld staan. Na ontvangst speel ik de sessie voor je over, en stuur die vervolgens meteen weer via de post terug. Wanneer het om echte entiteiten gaat – dus iets wat van buitenaf invloed op je heeft – blijkt het bandje meestal vrij snel en doeltreffend te werken. Als het echter om geesten 'tussen je oren' gaat, zal het helaas geen effect hebben.

Ik zie dat vaak bij incest-slachtoffers. Als iemand in de prille jeugd incest-ervaringen heeft gehad, kunnen er zich meerdere persoonlijkheden ontwikkeld hebben. Deze persoonlijkheden manifesteren zich in sommige gevallen door stemmen. Het betreft hier dan ook problemen die alleen een psychotherapeut kan behandelen.

Iedere regressie-therapeut heeft zo zijn eigen manier van werken. Als jij stemmen in je hoofd hoort, pak ik dat altijd op de volgende manier aan. Ik hypnotiseer je niet, maar stel je, na een zeer korte inleiding van twee minuten, op een speciale manier en in een bepaald ritme een aantal vragen. Hierna breng ik je in contact met jouw persoonlijke Gids. Door je een beeld van jezelf te tonen, kun je vaststellen of er nog entiteiten zijn, en zo ja, hoeveel. Deze entiteiten zien eruit als schaduwen of bollen, vastgehecht aan een plek tussen de nek en schouders. Met behulp van mijn en jouw Gids weken wij ze dan los. Op zo'n moment zie je dan vaak een gestalte van een mens. Jij kunt mij vertellen of dat een man of vrouw is en wat die entiteit ertoe dreef jou lastig te vallen. Hierna wordt deze entiteit goed- of kwaadschiks naar het licht gebracht.

Op deze wijze heb ik een aantal mensen in een enkele sessie kunnen bevrijden van de stem(men) in hun hoofd. Ook mijn leerlingen kennen deze techniek, we hebben zelfs banden van dergelijke 'bevrijdingssessies' opgenomen. In een aantal gevallen bied ik hulp door een of meerdere behandelingen op afstand; dit gebeurt via de telefoon en dan niet met de 'lijder' persoonlijk. Meestal is het de moeder, vader of een vriend(in) die belt. Deze zegt, volgens afspraak, niets tegen de patiënt, zodat suggestie vrijwel uitgesloten is. Zo'n behandeling is kosteloos en heeft in een aantal gevallen erg goed gewerkt; vooral bij jonge mensen en bij kinderen, die erg veel last van negatieve entiteiten kunnen hebben.

Wanneer ik over mensen met een psychose nadenk, voel ik mij weleens machteloos. Over het algemeen geldt: hoe eerder we erbij zijn, hoe beter. Als je echter al een tijdje in een inrichting zit en langere tijd medicijnen gebruikt, is het vrij moeilijk op deze manier nog te helpen.

Terugfluiten

Met terugfluiten bedoel ik, dat personen die zich te sterk door het paranormale laten meeslepen een halt moeten worden toegeroepen, omdat ze zich in de gevarenzone bevinden. Velen zijn in een psychiatrische inrichting terechtgekomen, en soms voor de rest van hun leven. De oorzaken variëren. Ze wisten bijvoorbeeld geen maat te houden met paranormale zaken, zoals kruis en bord. Of ze sloten zich bij bepaalde sekten aan, voerden geheimzinnige riten uit of hielden zich bezig met zwarte magie. Allemaal onmiskenbaar gevaarlijke activiteiten.

Zwarte magie werkt als een boemerang; het komt altijd terug. Gelukkig heeft men voor de uitvoering van deze zwartgallige magie zeer grote geestelijke vermogens nodig, die men in wezen alleen bij zeer intelligente mensen aantreft. Een man als Adolf Hitler zou je daartoe kunnen rekenen. Al gebruikte hij geen zwarte magie om mensen te vernietigen, hij joeg wel op macht en onderdrukking; dit veroorzaakte uiteindelijk ook zijn val.

Als je dreigt te verdwalen op deze gevaarlijke paden, en je nog wel een beetje openstaat voor jouw persoonlijke Gids, zal deze je zeker proberen terug te fluiten. In bepaalde gevallen kan iemand echter zo hard op hol slaan, dat de stoppen in het hoofd doorslaan. In die staat is iemand reddeloos; hij hoort stemmen in het hoofd en hangt idiote verhalen op. Kortom, je wordt uiteindelijk door niemand meer als volwaardig beschouwd. Het is dan ook niet voor niets dat ik zeg: 'Probeer altijd met beide benen op de grond te staan.'

Wat is je karma nu feitelijk?

In de Arabische wereld – de wereld van de islam – kent men het begrip 'kismet', dat 'noodlot' betekent. In de ruimere betekenis van het woord is het Gods wil, of zoals de vrome muzelman zegt: 'Ins Allah'. In de vroegere dagen werd er in Arabië tijdens straatwerkzaamheden geen rood-wit hekje om het diepe gat geplaatst. Viel er iemand in, dan was dat simpelweg zijn kismet.

Het woord 'karma' stamt uit het Sanskriet en betekent 'handeling' of 'daad'. In de 'New Age'-beweging wordt karma nogal eens in de negatieve betekenis vertaald. Men veronderstelt dat dit een vorm van straf moet zijn voor de slechte daden in vorige levens. Zo wordt er bijvoorbeeld beweerd, dat iemand die in een vorig leven een moordenaar was, in een later leven slachtoffer van een moord wordt. Deze opvatting is geheel onjuist. Karma is geen *straf*, maar een *keuze*! De brede en langdurige ervaring die ik als regressie-therapeut heb en mijn gesprekken met Gidsen, leerde mij dat de ziel zelf naar balans zoekt. De ziel wil aan den lijve ervaren wat zij anderen heeft aangedaan. Daarmee wordt de balans hersteld en volgt er geestelijke groei. Het is dus niet een kwestie van 'eigen schuld, dikke bult', maar een dappere keuze.

Karma kan ook uitgesteld worden. Je kan het enkele levens vooruitschuiven, totdat je geestelijk sterk genoeg voelt het leed in je bestaan te kunnen dragen. Het is mij na alle regressies inmiddels wel duidelijk geworden, dat het besef dat je karma inlost een versterkende gedachte is.

Andersoortige ruimtewezens

In UFO-ervaringen wordt niet alleen maar gesproken over de grijsachtige wezentjes van circa 150 cm lang, met grote, kale hoofden en opvallend donkere ogen. Onder de ruimtewezens schijnen namelijk ook mensachtige wezens te zijn. Zij zien er prachtig uit en beschikken over een schitterend lichaam. Het lijkt er verdacht veel op dat de voertuigen waarmee deze wezens zich verplaatsen, er wel degelijk uitzien als schotelvormige voertuigen. Volgens sommigen gaat het hier om personen uit onze eigen toekomst, waarbij de ruimteschepen als tijdmachines worden gezien. Deze personen bewonen onze toekomst, en komen simpelweg gesteld bij ons een kijkje nemen in het verleden. Voor hen zijn wij dus gepasseerde verschijnselen die in het verleden leven. Dit alles is uiteraard een theorie.

Daarnaast bestaat de mogelijkheid dat er op andere planeten in de kosmos ook leven bestaat. Het valt niet uit te sluiten dat deze wezens of persoonlijkheden, op onstoffelijke wijze onze aardse sfeer bezoeken.

Gidsen afkomstig uit andere werelden

Het zou te makkelijk zijn te veronderstellen, dat alleen de Aarde een bewoonde planeet is in die gigantisch grote ruimte waarin onze wereld zich bevindt. Er zijn vermoedelijk honderden miljarden zonnen, verspreid over ons heelal. Als die zonnen werkelijk bestaan, zullen er zeer waarschijnlijk ook planeten zijn waar een vorm van leven mogelijk is. Wanneer zich op die planeten een geestelijk leven ontwikkelt, kan dit zich over de gehele kosmos verspreiden.

Geestelijk leven behoeft geen voertuigen, want er is in die andere dimensie geen feitelijke afstand; tijd en afstand zijn immers aardse begrippen! Het is best mogelijk dat de aardse mens een eerder bestaan heeft gehad in andere werelden. Het zou zelfs kunnen, dat verschillende begeleidende Gidsen van deze planeten afkomstig zijn. Ach ja, we staan op het randje van allerlei nieuwe en grote ontdekkingen in het psychisch heelal.

HOOFDSTUK

IV

De methode 'Netherton' bij regressies

Tijdens een voordracht over Gidsen, doe ik altijd een bepaalde proef met het publiek: de 'Netherton'-methode. Bij het verhaal van de jonge student, sprak ik al over de 'de zaalproef'. Wanneer je leert door middel van een simpele techniek de linkerhersenhelft af te sluiten, is er een aardige kans dat je meteen al het gevoel hebt dat je Gids bij je is. Bovendien kunnen er indrukken uit vorige levens naar boven komen.

Omdat jouw Hoofdgids in bijna alle gevallen iemand uit je vorige leven is, kan de 'Netherton'-techniek ertoe leiden dat je de indrukken van dat vorige leven ook daadwerkelijk gevisualiseerd krijgt. Deze beelden lijken uit het niets te komen; velen doen ze in eerste instantie dan ook af als fantasiebeelden. Na verloop van tijd en diverse proeven, ontstaat er echter een steeds overtuigender gevoel van de aanwezigheid van de Gids. Sommige mensen krijgen vrij snel contact met hun Gids, ze horen hem in hun hoofd praten of krijgen warmtegevoelens. De grote vraag is: waarom lukt het niet om alle mensen gelijktijdig dit soort indrukken te laten krijgen? Het antwoord is vrij eenvoudig: het vraagt een goede vorm van concentratie en een bepaald verbeeldingsvermogen.

Ik heb al eerder aangegeven dat creatieve mensen, zoals kunstenaars, schilders, schrijvers en dichters, meestal heel gemakkelijk en soms zelfs onmiddellijk indrukken van hun Gids of van een vorig leven opdoen. Als je je te weinig bezig hebt gehouden met de creatieve kant van jezelf – de rechterhersenhelft – leer ik je een geestelijke spelletje. Bij dergelijke regressies vertel ik het volgende: 'Stel je innerlijk voor dat je aan een tafel zit en een formulier moet invullen van de overheid of de gemeente. Je hebt dat papier nu voor je; ik zal de vragen stellen die duidelijk leesbaar op het formulier staan, waarna jij mij het antwoord geeft wat je noteert.' Deze methode kan als opstapje gebruikt worden en blijkt in een groot aantal gevallen goed te werken.

Wanneer ik een willekeurige man aanspreek – bijvoorbeeld in een trein of ergens op straat – en hem de volgende vraag stel: 'Wat was je in een vorig leven, man of vrouw?', zal hij geneigd zijn te zeggen: 'Dat weet ik niet.' Wanneer ik hem echter de zaak anders voorleg en er een spelelement in breng, gaat het al wat makkelijker. Je spreekt van tevoren met hem af dat hij geen: 'Ik zie het niet' of: 'Ik weet het niet' mag zeggen. Daarmee heb je dan de toegang tot de linkerhersenhelft in feite geblokkeerd. De man wordt nu gedwongen puur op zijn intuïtie af te gaan. Als de vragen vervolgens herhaald worden, komen er vaak hele zinnige antwoorden. Bij een regressie gebruik ik de voor mij voelbare, hoorbare en zichtbare aanwezigheid van mijn eigen Gidsen en die van de betreffende cliënt. Wanneer ik een vraag stel en de cliënt geeft een onvolledig of onjuist antwoord, zie ik de betrokken Gids duidelijk 'nee' schudden. Vervolgens stel ik de vraag opnieuw of ik kies voor andere vragen die tot hetzelfde doel leiden. Je kunt deze proef zelf doen door de onderstaande vragen op dezelfde wijze te beantwoorden. Schrijf ze over, trek er dan een dikke lijn achter en noteer wat er spontaan in je hoofd opkomt. Blokkeer jezelf nu niet meteen door te zeggen: 'Dit is fantasie', maar begin er eens aan te werken.

De proef

Vraag 1.   Is je Gids een man of een vrouw?
Vraag 2.   Is je Gids langer dan jij, net zo lang, of kleiner dan jij?
Vraag 3.   Heeft je Gids, blond, bruin, rood, zwart of grijs haar?
Vraag 4.   Leefde je met je Gids in de natuur, in een stad of in een dorp?
Vraag 5.   Woonde je toen met je Gids in een grot, een tent, een hut, of een huis?

Als je deze vragen leest en zonder omwegen of nadenken je antwoord opschrijft, zit je meestal goed. Als je bovengenoemde vragen bijvoorbeeld aan een kind van een jaar of zeven zal stellen, zal je merken hoe gemakkelijk en spontaan de antwoorden bij hen naar boven komen. Hierbij geven ze veelal blijk van een spontane vorm van 'zien', door met aanvullende informatie op de proppen te komen. Hypnose is dus niet vereist bij deze methode.

Als je dit vragenlijstje doorneemt, zul je een overeenkomst zien met de vraagstelling bij een rijexamen: de meerkeuzevragen. In feite geef je de rechterhersenhelft telkens een klein opstapje om tot het juiste antwoord te komen. Wanneer je gedachten afdwalen, lukt dat niet en zodra je langer over de vraag nadenkt, komt er eigenlijk geen echt antwoord. De beantwoording van vragen naar vorige levens, heeft juist niets met nadenken te maken, dat doe je immers met je linkerhersenhelft. Deze hersenhelft registreert alleen datgene wat je kunt zien, voelen, horen, proeven en ruiken. Met je rechterhersenhelft daarentegen kun je creëren, componeren, construeren en uitvinden. Dat is de creatieve kant, die in verbinding staat met de andere wereld en met jouw diepste ik.

Uittredingen, heldere dromen, visioenen en tijdvacuüms

Het komt nogal eens voor dat mensen spontaan hun lichaam verlaten, wat soms een grote schrikreactie veroorzaakt. In het jargon van de parapsycholoog wordt zoiets een 'projectie' of 'uittreding' genoemd. Het kan zijn dat je ineens wakker wordt en merkt dat je op een hele vreemde manier in de slaapkamer aanwezig bent, waarbij het aanvoelt alsof je een beetje uit je evenwicht bent. Als je om je heen kijkt, kun je op je bed een gestalte zien liggen; waarna je met schrik constateert dat het niemand minder dan jijzelf betreft. In de meeste gevallen schrik je je natuurlijk een hoedje; deze schrik laat je direct weer in dat lichaam terugfloepen.

Naast de uittreding of projectie zijn er diverse varianten op dit verschijnsel te bedenken. Zo kan het ook een zogenaamde heldere of lucide droom betreffen. Tijdens het dromen, ervaar je weleens heel bewust dat je droomt. Er gebeurt op zo'n moment iets geks: je kunt het verloop van de droom beïnvloeden!

Ik heb veel heldere dromen gehad en die zorgvuldig in een dromenboek opgeschreven. Ook die andere vormen van uittredingen heb ik in aanvang spontaan beleefd, dus zonder daar nadrukkelijk op aan te sturen. Wanneer ik dan contact met mijn Gids Leila had, sprak zij consequent van 'een aanbetaling'. Deze ietwat cryptische omschrijving heb ik zelf vertaald met 'een voorproefje'. Waar Leila op doelt, is feitelijk dat de omstandigheden tijdens een projectie – of welke vorm van uittreding dan ook – op het gewone doodzijn lijkt. Na de lichamelijke dood bestaan we alleen nog uit een soort energielichaam, dat in de meeste gevallen heel veel lijkt op ons stoffelijke lichaam. De reden dat je tijdens een uittreding het gevoel hebt dat je evenwicht verstoord is, komt wellicht door dit energielichaam. Dit tweede lichaam – ook

45

wel astraal lichaam genoemd – is namelijk bijna gewichtloos, waardoor men moeite kan hebben met de beheersing ervan. Die controle over het astrale lichaam is een kwestie van oefenen; naarmate je vertrouwder raakt met uittreden, lukt dat steeds beter. Tijdens zo'n uittreding kun je ook in onze eigen driedimensionale wereld blijven, in het hier en nu. Je kunt dus door je huis dwalen, maar ook de straat op gaan. Het grappige is, dat je in zo'n uitgetreden toestand in een oogwenk zelfs op een willekeurige andere plaats op aarde kan komen. Wanneer je aan iemand denkt waarvoor je genegenheid voelt, lijkt het of je er in een razende vaart heenvliegt en binnen een seconde ook daadwerkelijk bent. Deze totale uittredingen vinden bij het merendeel van de mensen spontaan plaats en duren vrij kort. Een klein aantal personen kan door bepaalde ontspanningsoefeningen deze toestand zelfstandig bereiken door hun lichaam te verlaten. De meeste uitstapjes worden, zoals ik al aangaf, in onze driedimensionale wereld gemaakt. Het kan echter ook zijn dat je in de gebieden komt die wij aanduiden als 'het hiernamaals' of 'de vierde dimensie'. Auteur Hans ten Dam noemt dat in zijn boeken over regressie 'het gebied van de doorte'. Met 'doorte' bedoelt hij een volgende dimensie. Als je een luciferdoosje in je hand neemt, zie je dat het een lengte, een breedte en een dikte heeft; dus drie dimensies. Het gebied van de 'doorte' is de vierde dimensie. Dat betekent in feite dat je dwars door alle materiële dingen heen kunt gaan, zonder dat je daar hinder van ondervindt, omdat je gebruik maakt van deze extra dimensie. Dat is een van de ontdekkingen die tijdens uittredingen zijn gedaan. Bij een totale uittreding kun je dwars door daken, muren, deuren of meubels heen, zonder daar enige last van te hebben.

De overgang of tunnel

Bij regressies, bijna-doodervaringen en ook bepaalde visioenen, ervaart men vaak een duidelijke overgangsfase tussen het leven en de dood. Sommige mensen gaan door een tunnel, een ander deel moet een brug over, en weer anderen steken per roeiboot een rivier over. (Dat laatste doet me overigens denken aan Charon, de veerman uit de Griekse mythologie.) Het is frappant dat de tunnelervaring de lichamelijke geboorte in feite het meest benaderd. Ook bij regressies duiken de cliënten vaak in een oneindig diepe put, waarna ze zich ineens in de moederschoot bevinden. De tunnel uit- of ingaan, is kennelijk een typerende fase tussen leven en dood.

Sommige mensen signaleren tijdens bijna-doodervaringen en uittredingen een zilverachtig snoer waar zij mee verbonden zijn. Deze vingerdikke streng bevindt zich op het achterhoofd of in de buurt van de milt. Het schijnt de levenslijn tussen het stoffelijk en het astrale lichaam te zijn. Dit zogenaamde zilveren koord wordt, naarmate het astrale lichaam zich van het stoffelijke lichaam verwijdert, steeds dunner; het is echter oneindig rekbaar. Wanneer iemand daadwerkelijk sterft, breekt dit zilveren koord en is er geen weg meer terug naar het stoffelijke lichaam.

Niet iedereen echter merkt dit zilveren koord even duidelijk op.

Een bezoek aan de vierde dimensie

In 1986 was ik met Rietje in de Franse Ardennen. Het was Pasen en wij hadden een kleine, gezellige 'wintercamping' gevonden. Vanuit het raam van de caravan genoten we van het prachtige uitzicht op de hoge bergen en de daar langs stromende rivier de Maas. Rietje en ik verkeerden nog in de fase waarin we weleens gebruik maakten van het ouija-bord. Hiermee konden we gemakkelijker de cijferaanduidingen doorkrijgen dan via de stemmen in het hoofd. Veel paragnosten, waaronder Gerard Croiset, maakten daar in hun beginfase gebruik van.

Na verloop van tijd ontdekten de meesten echter dat ze de boodschappen die op het bord verschenen steeds duidelijker in hun hoofd konden opvangen. Op den duur wordt het ouija-bord dus overbodig. Het ouija-bord is namelijk allerminst zonder gevaar waardoor er nog steeds tegen gewaarschuwd moet worden. Elders in dit boek zal ik een toelichting op dit bord geven.

Tijdens deze vakantie in de Ardennen bemerkte ik dat er heel geleidelijk een overgang te bespeuren was naar het direct horen van de stemmen van mijn Gidsen. Het bleek al snel dat Rietje hetzelfde bij zichzelf signaleerde.

Ik sprak met mijn Gidsen en zei: 'Ik zou zo dolgraag eens een bezoekje aan jullie wereld willen brengen'; waarop geantwoord werd: 'Dat kun je op dezelfde wijze doen als in 1983.'

Diezelfde dag nog heb ik de raad ter harte genomen. Ik ging op het bed in de caravan liggen dat weldadig zacht aanvoelde. Net als in 1983 raakte ik in ontspannen toestand en na enige tijd zat ik blijkbaar op de vereiste golflengte. Het decor veranderde en ineens bevond ik mij in een merkwaardig groenlichtend land. Geboeid en onder de indruk nam ik alles in mij op: de bomen, de struiken, de gebouwen, alles leek van binnenuit gekleurd of verlicht te zijn. Het is net of alles daar uit deeltjes licht is opgebouwd.

Ik had mij voorgenomen een bezoek aan mijn Gids Corry te

brengen. In een fractie van een seconde was ik inderdaad bij haar. Het was uitermate verrassend om haar hier te zien. Ze zag eruit als een jonge vrouw van een jaar of dertig en ze omhelsde mij hartelijk. Het was een warme en zeer plezierige begroeting.

Corry bracht mij tijdens deze uittreding naar een stukje natuurschoon, waar een ravijn langzaam glooiend omlaag liep en uitmondde in een klein stil dal. Wij daalden in het ravijn af, ik voorop en Corry achter mij aan. Ik voelde haar ogen op mij gericht, en haar uitstraling was zo warm en intens, dat ik het niet meer volhield. Ik draaide me om en zei: 'Mag ik in hemelsnaam even bij je komen want ik houd het niet meer uit, ik moet je voelen.' Corry sloeg haar armen om mij heen en merkwaardig genoeg vloeiden wij zo totaal en compleet in elkaar over, dat ik letterlijk compleet van mijn stuk gebracht werd. Er was niets anders voelbaar dan een zinderende, allesoverheersende liefde: onbeschrijflijk. Dit duurde betrekkelijk kort, waarna ik echter opgelucht mijn weg vervolgde.

Corry en ik waren inmiddels bij een merkwaardig bouwsel aangekomen, eigenlijk niets meer dan een grijze rechthoek, schijnbaar opgebouwd uit ruwe stenen. Het leek op een muur van anderhalve meter hoog met aan een kant een poort waardoor je de ruimte binnenin kon betreden. Deze prachtige natuur en de sfeer in het ravijn, hoor ik een beetje terug in Claude Debussy's prelude *'l'Après midi d'une faune'*. Als ik naar dat muziekstuk luister, voel ik de verstilde atmosfeer, het zuivere licht en de verrukkelijke harmonie die mij herinnert aan deze sfeer.

Corry en ik zaten op het muurtje van het bouwsel, terwijl er golven van eindeloze rust en eensgezindheid mij overspoelden. Toch was het ineens voelbaar dat ik nu terug moest – al is het moeilijk te verklaren waarom ik dat opeens wist. Ik kuste Corry en was in een flits weer terug in de caravan. In verhouding tot de ervaringen en de sfeer die ik even hiervoor achter mij had gelaten, leek alles hier nogal grauw. Na het overgangsproces van de ene naar de andere golflengte, voelde ik mij al vrij snel weer prettig in de omgeving waarin ik mij bevond, en in mijn lichaam.

Wij hebben bij eerdere ontmoetingen met Corry al eens gesproken over de plek waar zij zich kort na haar dood ophield. Ook zij was toen een soort leidster van kinderen die samengebracht werden in een school. Nu zijn de gebouwen in die wereld lang niet altijd voorzien van deuren en ramen, laat staan een dak. In die wereld is geen kou en het regent er nooit. Eenmaal teruggekeerd, realiseerde ik me dat de school waar Corry zich met kinderopvang bezighield, kennelijk buiten gebruik was. Vrijwel direct hoorde ik Corry's stem in mijn hoofd; ze bevestigde mijn vermoeden over de school.

Ik kan niet verklaren waarom het gebouw niet meer gebruikt werd, maar ik neem aan dat er aan die andere kant, net als bij ons op aarde, bepaalde bouwsels van tijdelijke aard zijn. In een van de boeken van de paragnost Gijsbert van der Zeeuw, las ik dat deze bouwsels door geestkracht onderhouden worden. Gebeurt dit niet, dan vallen ze als vanzelf na enige tijd uiteen. Alles wat daar is, is immers opgebouwd uit stuwende gedachten die de deeltjes van die gedachten tot nieuwe vormen aaneen smelt. Als een bouwsel niet met gedachtenkracht wordt onderhouden, valt het vanzelf weer uiteen. Deze 'gedachtendeeltjes' zijn dan weer voor hergebruik beschikbaar.

Projectie of verandering van bewustzijnsgolflengte

Ik heb geleerd dat een mens zich tegelijkertijd op twee verschillende bewustzijnsniveaus kan bevinden. Daarbij is het ene bewustzijnsniveau het sterkst en wordt de ander secundair, van ondergeschikt belang. We hebben het al over bewustzijnsverplaatsing gehad, wat bij de meeste regressies voorkomt. In tegenstelling tot wat velen menen, heb je geen enkele vorm van hypnose nodig bij deze sessies. Ook de hypnosevorm van de Amerikaanse doctor 'Netherton' die ik in de beginfase van mijn regressie-therapie toepaste, kan feitelijk achterwege blijven. Het is vrij gemakkelijk je zonder dergelijke methoden een beetje los te maken van je zogenaamde 'waakbewustzijn'. Deze vorm van bewustzijn is de toestand waarin jij je nu bevindt, terwijl je dit boek leest. Eigenlijk zit je terwijl je leest al op een andere golflengte dan tijdens het autorijden of het uitoefenen van je werk.

In mijn huidige werk als regressie-therapeut ontdekte ik dat het mogelijk was om nabestaanden in contact te brengen met overledenen. Veel mensen kunnen namelijk niet goed omgaan met de rouwverwerking van een dierbare. In veel van zulke gevallen is het sterven gepaard gegaan met sterke traumatische ervaringen. Een rouwproces duurt gemiddeld drie jaar, indien dit proces onnodig lang gerekt wordt, biedt zo'n rouwsessie vaak uitkomst. Als de sessie begint, wordt er in dit geval wel een lichte vorm van trance toegepast. In een tijdsbestek van anderhalf tot maximaal drie minuten geef ik ontspanningsoefeningen. Daarna stel ik volgens een speciale methode vragen. Het blijkt dat deze vraagtechniek de noodzakelijke bewustzijnsverandering tot stand brengt, waardoor de ontmoeting met de Gids mogelijk gemaakt kan worden.

Kinderdood

Op een gegeven moment werd ik gebeld door een vrouw. Tijdens dit gesprek vertelde de vrouw wat er aan de hand was. Haar tweejarige dochtertje was door een medische fout overleden. Ik begreep dat de moeder van het meisje de enorme grote schok niet makkelijk kon aanvaarden. Het leek me dus verstandig om op korte termijn een afspraak te maken voor een sessie voor rouwverwerking.

Voordat de sessie begon nam ze plaats op mijn comfortabele bank, en in korte tijd verkeerde zij in de noodzakelijke lichte vorm van ontspanning. Dit ging zoals gebruikelijk vrij snel. Ik bracht haar vervolgens zonder verdere omwegen op de golflengte van de vierde dimensie, het gebied van het hiernamaals. Onmiddellijk zag ik een blijheid en verrukking op het gezicht van de vrouw, en ze zei: 'Ik zie een prachtig natuurgebied met bomen, struiken, wateren en opvallend veel licht. Er zijn tientallen kinderen aan het spelen. Ze hebben allerlei speelgoed, zelfs fietsjes. Er is een leidster aanwezig die toezicht op hen houdt. De kinderen gaan geheel op in hun spel.'

'Zie je nog meer bijzonders?' vroeg ik.

De vrouw: 'Ja, ik zie tafels met banken er tegenaan getimmerd, zoals je die tegenkomt in de natuur, picknickbanken.'

Ik adviseerde haar om op een van die banken te gaan zitten. De vrouw nam plaats waarna de leidster naar haar toe kwam met de vraag of ze iets wilde drinken. Ze knikte en begreep dat ze niets hoefde te vragen, haar dochtertje zou vanzelf naar haar toe worden gebracht. De leidster bracht haar een glas limonade en de vrouw nam een slokje. Opnieuw sprak haar gezicht boekdelen terwijl ze riep: 'Dit is de lekkerste limonade die ik ooit heb geproefd!'

Toen kwam het moment van het grote weerzien. Het kleine meisje werd, gekleed in een schattig jurkje, naar de moeder gebracht. Het kind was in het geheel niet verbaasd en nestelde zich op een typisch kinderlijke manier, gezellig naast haar moeder op de bank.

De vrouw straalde en was een en al verrukking. Ze leek zich voorover te buigen, en zei vervolgens geëmotioneerd: 'Ik kus mijn kind.'

De eerste vraag aan haar dochtertje brandde op haar lippen: 'Lieve schat, waarom ben je zo gauw bij ons weggegaan?'

Het antwoord luidde eenvoudig: 'Mam, ik had deze ervaring nodig.' Hoe kinderlijk de stem van het kind ook klonk, de ondertoon was wijs en volwassen.

Bij sessies kijk ik meestal mee met de filmpjes die de betreffende persoon op de bank voor ogen krijgt. Hierdoor is het mij mogelijk de ervaringen van de cliënt zo beeldend te beschrijven. Ook bij deze vrouw kwam het meekijken van pas, want ze vergat af en toe om antwoord te geven, wat wel vaker voorkomt bij een indrukwekkende sessie.

De moeder had gezien hoe gelukkig haar dochtertje was en kwam voldaan terug in 'onze wereld'. Het meisje had haar nog verteld dat ze over niet al te lange tijd zou reïncarneren, maar niet bij dezelfde moeder.

De rouwverwerking van de moeder bleek na deze sessie een stuk makkelijker te verlopen.

Wat mij echter het meest trof in dit avontuur, was de ervaring toen zij de limonade dronk. Na dat eerste slokje en haar verrukte blik over de kwaliteit, zei ze nog: 'Eigenlijk is dit idioot, ik lig bij jou op een bank maar ik ben tegelijkertijd in een totaal andere, goede en mooie wereld. Ik proef heel duidelijk die limonade en toch weet ik dat mijn lichaam ergens ànders is.' De vrouw bevond zich tijdens de sessie in een eigenaardige situatie. Ze was voor het grootste deel in een andere wereld waar zij dingen waarnam en op telepathische wijze vernam wat men tegen haar zei. Deze bewustzijnsverplaatsing is inderdaad een merkwaardig verschijnsel.

Dergelijke ervaringen zie je ook bij mensen die volkomen uittreden of een bijna-doodervaring hebben. Ook de eerder genoemde lucide droom veroorzaakt in veel gevallen eenzelfde gevoel. Zo beschreef de auteur Frederik van Eeden in zijn dromenboek, dat hij tijdens een lucide (of heldere) droom een glas wijn proefde en de kwaliteit ervan waardeerde.

Bij een regressie ontstaat er als het ware een soort verdubbeling wanneer een deel van de mens zich met zijn geest verplaatst naar een totaal andere golflengte. Doordat je je omgeving totaal anders waarneemt, ontstaan er vreemde gevoelens. In veel gevallen komen er herinneringen uit vorige levens naar boven en worden er beelden van andere mensen en werelden waargenomen.

Ik kan mij zo voorstellen dat een nuchter mens deze ervaringen als idioot afdoet en vervolgens het stempel 'verbeelding' toekent. Toch is het een feit dat ik tot dusver heel veel mensen – van jong tot oud – beter heb leren omgaan met hun rouwproces. Het weerzien met gestorven vrienden of familieleden is bij rouwverwerking vaak zeer succesvol gebleken. De nabestaanden hebben door de sessie zelf kunnen ervaren dat hun geliefde zich goed voelt in die andere wereld. Zoiets kan – zeker na een pijnlijk ziekteproces voorafgaande aan het overlijden – toch een belangrijke troost voor de nabestaanden betekenen.

Samenvatting

Uittredingen doen zich op verschillende manieren voor. Zo bestaan er spontane en bewuste uittredingen. Spontane uittredingen komen op een ongedwongen manier tot stand; ze kenmerken zich door flitsen en worden meestal ingeleid door een normale korte periode waarin je slaapt.

Een bewuste uittreding lijkt beter bestuurbaar dan een spontane uittreding. Een dergelijke uittreding roep je bewust op door middel van ontspanningstechnieken. Persoonlijk geloof ik, dat heldere dromen, spontane en bewuste uittredingen, bepaalde visioenen en ervaringen, loten van één stam zijn.

Kortom, tijd en vooral afstand zijn aardse begrippen, die alleen te maken hebben met onze driedimensionale wereld. In feite bestaat er tussen de verschillende dimensies geen werkelijke afstand; het is slechts een kwestie van golflengte. Onze geest is in staat om van golflengte te veranderen en op die manier waarnemingen te doen van een totaal andere wereld. Wie dieper in de quantummechanica duikt – de meest moderne vorm van natuurkunde – vraagt zich af of de objectieve werkelijkheid die wij onze wereld noemen wel zo werkelijk is als wij menen. De moderne astronoom houdt het voor mogelijk dat er behalve de kosmos waarin wij leven, ook nog andere ruimten bestaan. Dit is een hypothese, een veronderstelling, want onze aardse instrumenten zijn nog niet genoeg ontwikkeld om die andere kosmos waar te nemen. Moderne astronomen achten het zeker voor mogelijk dat wij binnen een relatief klein aantal jaren bewijzen hiervan zullen krijgen.

HOOFDSTUK
V

Persoonlijke ervaringen

Sumatra 1947

Het is augustus 1947. De Nederlandse troepen zijn, na een snelle opmars in Zuid-Sumatra, tot diep in het achterland binnengedrongen. Ik zit bij de Tweede divisie en ben ingedeeld bij het chirurgisch team – zoiets als bij 'Mash' (een bekende komedie op televisie). Net als in de serie, hebben ook wij onze Hawkeye, de chirurg. Hij heeft het altijd druk, maar alle zieken en gewonden worden op adequate wijze door hem geholpen. Soms ben ik werkzaam op de zaal, dan weer fungeer ik als algemeen assistent bij operaties en help ik de narcotiseur Eric. Het gaat primitief, maar wij hebben succes; we kunnen de dood vaak een loer draaien.

Op een dag is er een aanval op een trein. Een ploeg met oorlogs-vrijwilligers, 'stoottroepen' genoemd, is er al op af. In de middag komen ze verslagen terug. Die namiddag loop ik over de galerij en zie een collega-verpleger van de stoottroepen een man op een brancard het hoofd verbinden. Ineens weet ik: die man is dood. De soldaat werd afgelegd en zijn kaak dichtgebonden. Pas later hoor ik dat er twee soldaten zijn gesneuveld in de strijd. Kort tevoren had ik de dood nog gezien, bij Batu Radja. Ik denk terug aan al die gesneuvelde soldaten op het veld... maar dit... dit is anders.

De volgende dag worden de doden op gepaste wijze, met militaire eer, begraven. Degenen die geen dienst op de zaal hebben, zijn erbij aanwezig. Majoor Van de Kam spreekt met dichtgesnoerde keel over zijn jongens. Dan wordt het stil op het kleine, van ver voor de oorlog stammende, koloniale kerkhof. De kisten zakken langzaam naar beneden. Het vuurpeleton treedt aan, en dan het commando: 'Vuur!' Geweren knallen schuin boven de graven. De twee jongens zullen hun vaderland nooit meer zien.

Die avond zit ik in het donker even op een grafsteen en kijk naar de met bloemen bedekte graven van de gesneuvelde soldaten. Dat kan ook mij gebeuren, denk ik. Wanneer ik morgen met 'Doc' de kampong in ga om mensen te helpen, is er maar één kogel voor nodig. Als ik nu sterf, zal ik nooit het blonde jongetje krijgen dat soms voor mijn geest komt. Dan zal ik nooit gaan trouwen en...

Het is tijd voor mijn dienst, ik moet me omkleden. Ik sta op en loop naar het hospitaal, dat gevestigd is in een oud hotel in het bergdorp Lahat.

Jaren later

In 1984 begon het levenseinde van Tonny zich af te tekenen. Dit betekende dagelijks door een hel gaan en pijn lijden. Ze was nu nauwelijks meer opgewassen tegen alles wat het aardse leven met zich meebracht. Volgens Leila's voorspelling zou rond Kerstmis de ellende voor Tonny voorbij zijn en zou zij bevrijd naar die betere wereld kunnen gaan. Op een avond, eind 1984, zat ik in mijn kantoor. Tonny was al naar bed en lag in een diepe slaap door de zware medicijnen die zij slikte. Ik rommelde nog wat en deed wat klusjes, toen op een gegeven moment de telefoon ging. Ik nam op en hoorde aan de andere kant van de lijn de stem van een jonge vrouw, die zich voorstelde als Rikky. Ze vertelde over haar problemen in haar mislukte huwelijk, over haar verdriet en haar gevoelens over paranormale zaken. Het bleef niet bij dit ene telefoontje, ik kreeg haar nadien nog verschillende malen aan de lijn. Telkens weer viel het ons op, dat het leek alsof wij elkaar al jaren kenden. Later bleek dat wij dit niet zomaar gevoeld hadden: we bleken elkaar uit een vorig leven te kennen!

Na de eerste telefoongesprekken tussen Rikky en mij spraken wij met elkaar af. Rikky's toenmalige vriend werkte als paranormaal genezer. Zo vond onze ontmoeting plaats op een avond van de 'Zaanse Vereniging voor Parapsychologie'. We keken elkaar aan; ik zag een goed uitziende vrouw, een blonde dertiger met een open blik. In haar ogen las ik echter een stil verdriet. Na deze eerste ontmoeting begonnen we elkaar vaker te zien.

Het was inmiddels begin 1986 en Rikky en ik waren dik bevriend geraakt. We hielden wel eens een seance, waar haar vriend dan ook bij aanwezig was. De boodschappen kregen wij toen nog met behulp van het kruis en bord door, een methode die ook overigens gevaren met zich meebrengt. Toch voelden wij ons niet bedreigd; we werden goed beschermd.

Rikky nam contact op met haar Gids Cor. Ik vroeg 'Vertel eens Cor, wanneer stierf je?'

Het kruis tikte aan: '1-9-4-7'.

'Hoe ben je gestorven?' vroeg ik.

'O-o-r-l-o-g o-p S-u-m-a-t-r-a.'

De koude rillingen liepen over mijn rug. Met schorre stem vroeg ik: 'Waar Cor?'

Het bord tikte: 'L-a-h-a-t, a-u-g-u-s-t-u-s.'

Opeens zag ik die roerloze figuur op de brancard weer voor ogen. Ik begon te huilen. Alles was meteen weer heel dichtbij. De tijd viel weg. Ik hoorde de knallen van het vuurpeleton. 'Was jij daar?', stamelde ik zachtjes.

Op het bord verscheen het antwoord: 'Ja.'

Cor vertelde wat zijn verwondingen waren en wie zijn makker was die met hem gestorven was. Ongevraagd verscheen het woord 'treinoverval'. We waren doodstil. Alles wat ik daar meemaakte, leefde ineens fel op, alle trauma's van toen kwamen weer omhoog.

Later heb ik Rikky tijdens sessies in een beter contact met Cor gebracht. Het gebruik van kruis en bord werd overbodig, toen ik na verloop van tijd beter leerde om met mijn geestelijke oor te luisteren. Maar nooit zal ik die ene sessie vergeten. Zou er dan werkelijk geen enkel toeval bestaan?

Later hebben Rikky en ik regelmatig contact gehouden. Op een gegeven moment ging haar relatie uit en werd zij nogal heen en weer geslingerd door alle gebeurtenissen in haar leven. We hebben hier vaak over gesproken. In de jaren negentig kwam Rikky eindelijk 'thuis' toen zij Joop leerde kennen, die later mijn allereerste eerste leerling regressie-therapeut werd. Ik leerde hem hoe je met behulp van Gidsen van de cliënt of van jezelf, op korte termijn de oorzaak van een fobie of trauma kunt vinden. Joop ontdekte eveneens uit eigen ervaring, hoe snel hij zijn cliënten kon helpen met deze methode en hoe vaak volstaan werd met slechts een enkele regressie.

De poes Snoetje

Oktober 1984. Mijn vrouw Tonny ging de laatste fase van haar stervensproces in. Zowel geestelijk als lichamelijk was ik 'doodmoe'.

Op een avond in de loge van de Vrijmetselaars, legt een van de broeders zijn hand op mijn schouder en zegt: 'Ik zie dat je een zware last met je meetorst Jan.' Hij sloeg de spijker op de kop en verwoordde letterlijke mijn gevoel. In de periode hierop was hij er helemaal voor mij. Ik kreeg enorm veel steun van hem.

Ik had ook nog een andere steun en toeverlaat in die periode, mijn poes Snoetje! Het dier ontpopte zich als een stoffelijke Gids. Alsof hij intuïtief aanvoelde dat ik het moeilijk had, kwam hij bij me. Hij trok dan mijn aandacht, gaf kopjes en straalde een sterke vorm van liefde uit, net zo lang totdat ik weer een beetje tot mezelf kwam.

Een maand voor de dood van Tonny, was Snoetje ineens verdwenen. Hij was 's avonds nog naar buiten gegaan, maar kwam niet zoals gewoonlijk weer voor de nacht thuis. Ik heb nog staan roepen, maar zonder succes, de poes liet zich niet meer zien.

Die nacht sliep ik erg onrustig. In de vroege ochtend bevond ik mij ineens 'ergens anders'. Ik keek om me heen en zag een groengetint landschap. En daar, in dat landschap, zag ik vlak voor mijn ogen onze poes Snoetje. Hij was dood en lag met zijn bekje, waar nog wat bloed op zat, half open. Even later hoorde ik echter een stem zeggen: 'Dat is Snoetje niet.' Ik richtte mijn blik op en zag in dat groene landschap een poes die vrolijk en blij rondsprong. Waarop de stem zei: 'Dat is Snoetje!' Het volgende moment bevond ik mij weer in bed. Ik vroeg me af of ik misschien gedroomd had, maar was me daar geen seconde bewust van geweest. Later op de dag belde ik de dierenambulance en gaf ze een beschrijving van Snoetje.

'Komt u maar even kijken', zei de vrouw aan de andere kant van de lijn. Ik stapte in mijn auto en reed er naartoe. Tot mijn verbijstering zag ik de poes terug: dood en in exact dezelfde houding als in mijn visioen. Dit maakte een diepe indruk op mij.

Het visioen was een vorm van 'voorrouw' op datgene wat mij te wachten stond.

Tonny's sterfbed

Het was in de nacht van 2 op 3 januari 1985. Tonny was in de allerlaatste fase van haar leven gekomen. De huisarts kwam die avond langs. Toen ik hem uitliet, zag ik dat het licht gesneeuwd had.

Ik besloot om heel even te gaan slapen, geestelijk en lichamelijk voelde ik mij werkelijk afgepeigerd. Ik sliep niet meer naast Tonny, maar in de slaapkamer niet ver van die van haar. Voordat ik mijn bed inging, liep ik nog even bij haar binnen. We wisten allebei dat het einde nabij was. We bespraken dat we na naar haar dood zeker een methode zouden vinden om met elkaar in contact te komen, en het liefst blijvend.

Vervolgens ging ik naar mijn kamer en viel vrij snel in een diepe slaap. Totdat er iets merkwaardigs gebeurde. Vreemd genoeg stond ik plotseling weer in de slaapkamer waar Tonny lag. Ik zag uit haar lichaam iets wits tevoorschijn komen, dat zich tot een gestalte vormde waarin ik Tonny herkende. En opeens was daar haar overleden lievelingstante, tante Greet. Ze had een bos met schitterende gele en witte bloemen in haar hand; Tonny viel haar spontaan om de hals.

In de hoek van de slaapkamer was geen wand en geen zoldering te zien, maar een lange, donkere, brede buis die tot een oneindige hoogte leek te reiken. Ik keek naar Tonny en zag dat zij samen met tante Greet door die buis omhoog zweefde. Een paar maal riep ik wanhopig en diep bedroefd haar naam, totdat het beeld verdween en ik weer in mijn bed lag, klaarwakker. Meteen hoorde ik de liefdevolle stem van Leila: 'Ga maar kijken, het is gebeurd Jan.' Ik ging uit mijn bed en stond binnen een paar stappen in de kamer van Tonny. Ik deed het licht aan, liep naar Tonny toe en zag dat ze gestorven was. Het moest zojuist gebeurd zijn want haar lichaam voelde nog warm aan. Ik drukte een lange kus op haar voorhoofd. Ik zag duidelijk aan de uitdrukking op haar gezicht, dat haar lijden eindelijk voorbij was. Ik pakte de hoorn van de haak en belde de dokter.

Zou mijn ervaring van die nacht slechts een droom zijn geweest? Nee, daar geloof ik niets van. Ik werd in staat gesteld om een sterfbed bij te wonen van een geliefde, zoals een levend mens slechts zelden overkomt.

Ontmoeting met een overledene

In 1970 stierf Piet O., de neuroloog waar Tonny onder behandeling was. Het was een schat van een man, die Tonny enkele jaren op uitstekende wijze behandelde. Hij slaagde erin een bepaalde tijd de aanvallen van migraine en aangezichtspijn tot een aanvaardbaar niveau terug te brengen. Het was net voor de zomer van 1970 toen Piet na een korte maar ernstige ziekte plotseling overleed. Zijn dood sloeg in als een bom. Niet alleen bij ons, maar ook bij de vele patiënten die hij met zorg en vol overgave had behandeld. De eerste jaren hierna hebben wij die man ontzettend gemist. Hij was zevenenveertig jaar toen hij overleed.

Ik heb enorm mijn best gedaan hem op de een of andere wijze in die andere wereld weer te ontmoeten. Zo herinner ik mij levendig dat ik weer eens op zoek naar hem was. Zoals vaker voorkomt, vloog ik daar met wijd uitgespreide armen rond, alsmaar roepend: 'Ik zoek Piet O., ik zoek Piet O.!'

Bij de laatste zoektocht landde ik vlakbij een manspersoon. Hij stond op circa anderhalve meter afstand voor mij en vroeg: 'Wie zoek je toch?' Waarop ik zei: 'Piet O.'

Glimlachend zei de man: 'Dat ben ik.'

Ik keek hem goed aan en zag tot mijn verbijstering een jonge man van ruim dertig jaar. Nu herkende ik Piet, zij het in zijn jonge gedaante. Zoals gebruikelijk zien mensen er jaren jonger uit na hun dood, ook Piet zo te zien; hij zag er zonder twijfel opvallend goed uit.

Piet en ik hebben geen langdurig gesprek gevoerd. Het was een korte ontmoeting die ik ervoer als een flits, zoals dat bij uittredingen veel voorkomt. Maar ondanks die korte flits, wist ik nu dat Piet ook zijn plekje in de andere wereld gevonden had.

Bewustzijnsverplaatsing

Het was eind 1983. Ik was toen sporadisch actief met het geven van reïncarnatie-therapieën of -regressies. Toch begonnen paranormale zaken geleidelijk aan een grotere betekenis in mijn leven te krijgen.

Op een avond zei ik tegen Leila: 'Waarom kan ik mijn bewustzijn niet verplaatsen, zoals de mensen waarmee ik regressies doe?'

Leila antwoordde: 'Dat kun je wel, heel goed zelfs, en het is betrekkelijk eenvoudig te leren. Het heeft te maken met een grote mate van ontspanning en een bepaalde vorm van concentratie. Daarbij zal je merken dat de golflengte waar je op zit verandert. Hierdoor ontstaan er andere waarnemingen en ervaar je jezelf op een andere manier.' Die woorden 'op een andere manier' bleven bij mij hangen. Volgens haar aanwijzingen ben ik toen korte 'trips' gaan maken. Na over bepaalde ontspanningsoefeningen te hebben gelezen en deze in de praktijk te brengen, kon ik mij op een gegeven moment geestelijk verplaatsen.

Ik had mij voorgenomen om op die manier mijn goede vriendin en huidige partner Rietje te bezoeken, die in Amsterdam woonde.

Na enkele ontspanningstechnieken voelde ik mij wegglijden. Ik ging rechtop zitten, waarop ik uit mijn lichaam raakte en mij naar het raam bewoog. Ik ging op het kozijn zitten, waardoor ik dwars door het gesloten raam heen kwam te zitten; mijn benen bungelend over de rand. Het was een heel gekke sensatie. Er was duidelijk een gewaarwording van mijn lichaam op het bed. Ik keek ernaar en wist dat er sprake was van 'verdubbeling'. Ik steeg verder op en ging op het bijna platte dak van mijn huis staan. Ik tuurde over het nachtelijke Zaandam. Vervolgens vloog ik omhoog en zweefde in de richting van de hoofdstad. Ik zag een prachtige, oranje-rode lichtgloed; hoe hoger ik kwam, hoe zichtbaarder het werd. Ik gleed over het Noordzeekanaal en volgde de Coentunnelweg totdat ik in de richting van Osdorp kwam. Ik volgde in feite de route die ik ook dikwijls met mijn auto reed. Eenmaal bij Rietje in de straat gekomen, richtte ik mij op de slaapkamer in haar flat, waar ik vervolgens ook terecht kwam. Het was ongeveer middernacht, ik zweefde als een ballon door haar kamer. In bed lag Rietje rustig te slapen. Ik raakte haar voorzichtig aan. Opeens werd ik weer teruggezogen naar mijn lichaam.

Op deze wijze heb ik verschillende bezoeken aan mijn slapende vriendin gebracht. Het bleek dat zij mijn aanwezigheid wel waarnam. Uiteraard vertelde ik haar niet vooraf van mijn bezoeken. Ik wilde onderzoeken of er meer was dan alleen verbeeldingskracht.

Tijdens een van mijn bezoekjes toen ik weer haar slaapkamer binnen kwam zweven, ging Rietje ineens rechtop zitten. Op de muur verscheen een witte lichtvlek. Ik dacht nog even dat er een klein bedlampje brandde, hetgeen niet het geval bleek te zijn. De volgende dag belde ik Rietje. Tot mijn verbazing herinnerde zij zich dat ze rechtop was gaan zitten en dat ze naar de muur gekeken had waarop die felle, ronde lichtvlek was verschenen.

Een bijzondere ontmoeting

In het voorjaar van 1982 onderging ik bij een van de regressietherapeuten die ik ken een regressie. Dit doe ik eens in de zoveel tijd en heb daar ondertussen veel ervaring in opgedaan.

Ik ga er vanuit dat je dit werk eigenlijk alleen kunt doen, als je het van alle kanten hebt meegemaakt, van binnen en van buiten. Hoe dan ook, ik lag op de bank van de therapeute en had een donkere doek over mijn ogen. De inleiding was net voorbij toen ik mijn eerste indruk kreeg. Ik had een helm op mijn hoofd. 'Zit je soms op een brommer?' vroeg de therapeute.

Waarop ik zei: 'Nee dat niet, ik begrijp er niets van!' Toen volgden de beelden, en ik vertelde: 'Ik bevind mij in een soort vliegtuig, maar ik ken dit hele instrumentenpaneel niet.'

Het viel mij op dat er geen enkele herkenning was in wat ik waarnam, al heb ik in Indonesië in verschillende vliegtuigen gevlogen. Toen de beelden toenamen, riep ik verbaasd uit: 'Ik zie sterren boven en onder mij, ik bevind mij in de ruimte.'

'Ben je alleen in dat vliegtuig?' hoor ik.

Op dat moment barstte ik in een onbedaarlijke huilbui uit. Snikkend riep ik telkens weer: 'Leila, Leila zit achter mij.' Ik zag dat zij net zo'n pak aanhad als ik en dezelfde helm droeg. Twintig minuten lang heb ik liggen huilen. Ik ging flink tekeer, alsmaar scheldend op 'deze planeet'. De meest opvallende uitroep was: 'Ik hoor hier niet thuis, ik hoor hier helemaal niet, ik behoor tot een totaal andere wereld. Dit is mijn wereld niet, dit is een sadistische rotwereld!'

Terwijl ik lag te huilen en te snikken, mijn hoofd nog steeds onder die donkere doek, kwam Leila door de muur van het vertrek heen en liep beheerst naar mij toe. Merkwaardig genoeg had ze niet haar bekende blauwe of witte jurk aan, maar het zilver-kleurige en nauw-sluitende 'ruimtepak' dat ze droeg in het ruimteschip. Ze had geen helm op en haar golvende, blonde haar hing losjes om haar hoofd.

Leila kwam bij me zitten en legde haar handen op mijn schouders. Ik kalmeerde op slag, zo abrupt dat de therapeute vroeg: 'Wat is er aan de hand?' Ik vertelde haar over Leila, hoe ze bij me was komen zitten en over de band die wij hebben.

Troostend zei Leila: 'Maak je maar geen zorgen Jan, dit is je laatste leven op de aarde. Heel lang geleden waren wij al samen. Ik ben altijd bij je gebleven en we zullen ook samen blijven. Ik heb je steeds weer vanuit die ander dimensie begeleid en zal dat blijven doen tot het moment waarop je weer bij mij terugkomt. Ooit zullen wij terugkeren naar de wereld waar we thuishoren. Een wereld die geen verval kent, een wereld zonder de tijdsorde waaraan je nu bent onderworpen.'

De overige indrukken tijdens deze sessie herinner ik mij helaas niet meer De therapeute maakte geen bandopname hiervan, iets wat ik zelf altijd wel doe. Het is namelijk een kleine moeite, waar menig cliënt mij dankbaar voor is.

Een Haagse dame

Tijdens een consult ben ik er niet zo op gebrand toekomstvoor-spellingen te doen, ik ben veel liever een goed adviseur. Mijn linker-hersenhelft – die ik de accountant, de verstandelijke, de 'letterman' noem – werkt nauwkeurig samen met mijn rechterhersenhelft, de intuïtieve zijde. Zo kan ik mijn ingevingen op een heldere manier vertalen en er duidelijke conclusies uit trekken.

Als voormalig 'public relations'-medewerker heb ik jarenlang ervaring opgedaan in de zakelijke wereld en in het werken met mensen. Alles wat ik toen geleerd heb, gebruik ik om anderen zonodig adviezen te geven. Daarbij reageer ik op de ingevingen die ik opdoe van foto's of datgene wat mij persoonlijk verteld wordt.

Ik vraag altijd, zoals ik al eerder aangaf, of de cliënt een geluids-cassette mee wil nemen, zodat er een bandopname gemaakt kan worden. Achteraf kan de cliënt nog eens rustig afluisteren wat er allemaal is gezegd.

Zo is het alweer een jaar of zes geleden, dat ik een Haagse dame op bezoek kreeg voor een consult. Na afloop gaf de dame mij een foto van een vriendin en merkte op: 'Dit is mijn vriendin die ook in Den Haag woont; zij heeft problemen. Wilt u zich daar misschien op instellen en de eventuele adviezen inspreken op de band?'

Ik had de foto al in mijn handen. Merkwaardig genoeg had ik in het verleden eens ontdekt dat ik met degene op de foto kan praten en ook antwoorden doorkrijg. Schijnbaar kan ik met een ander deel van het bewustzijn van de betrokkene communiceren.

Op het moment dat ik met de foto van de vriendin in mijn hand zat, was het kwart over drie. Ik concentreerde mij op de vrouw van de foto en stelde enkele vragen. Hierna sprak ik haar een klein kwartiertje toe. Ik wilde haar graag op andere gedachten brengen en haar leren beter met zichzelf om te gaan. Om half vier was ik klaar met mijn praatje en gaf ik de foto aan de Haagse dame terug. Ze bedankte mij, nam afscheid en ging met haar cassettebandje terug naar Den Haag.

De volgende morgen belde haar vriendin mij op, de vrouw die op de foto stond. Zij vertelde mij het volgende: 'Het was zo merkwaardig. Gistermiddag om kwart over drie stapte ik in mijn auto, met het voornemen naar de stad te gaan en inkopen te doen. Om half vier besefte ik me ineens, dat ik het afgelopen kwartier niets anders gedaan had dan om het plantsoen voor ons huis rondjes te hebben gereden. Pas toen kwam ik weer tot mijzelf. Ik begreep er niets van, het enige dat mij is bijgebleven, was dat het net leek alsof iemand mij op indringende wijze iets vertelde. Zij kon het op dat moment niet anders verklaren.

Dit gesprek zette mij aan het denken. Opvallend waren de volgende punten:

1. Ze was in de auto gestapt en had rondgereden zonder ergens tegenaan te botsen en zonder er zich geheel van bewust te zijn wat ze precies deed. Het lijkt er dus op dat een bepaald deel van onze hersenen de auto probleemloos door het verkeer stuurt.

2. Er was bij de betrokkene een ware holte in het ervaren van de tijd gekomen, er was een kwartier uit haar geheugen verdwenen.

3. Je kunt iemand op afstand positief beïnvloeden. Natuurlijk is er ook een negatieve beïnvloeding mogelijk, maar mijn zender houdt zich daar kennelijk niet mee bezig. Ik benut mijn vermogen van positieve beïnvloeding om mensen op afstand te helpen. Dat heeft niets met suggestie te maken, want de betrokkene is er zich op geen enkele wijze van bewust. Ik behandel op deze manier niet

alleen volwassenen, maar ook kinderen en dieren.

Zo behandelde ik eens een man die in Vlissingen woonde, via zijn zuster in Eindhoven. De brief die zij me na de behandeling stuurde, heb ik heel goed bewaard. Er bleek overduidelijk dat de behandeling een positief effect had gehad. De verklaring suggestie gaat hier dus niet op. Misschien iets voor de wetenschappers om op te knagen?

Ik pas deze techniek ook tijdens de examens van mijn cliënten toe, meestal zijn dat rijexamens. In een groot aantal gevallen blijkt dat de kans op slagen toeneemt doordat ik de nervositeit weg kan nemen. Natuurlijk is het niet zo, dat je na drie rijlessen even 'Jan Kleyn' kunt bellen waarna je direct slaagt. Er moet uiteraard wel voldoende kennis en rijvaardigheid aanwezig zijn.

Channeling of dialogen

Er is verschil tussen 'channeling' en dialogen. De tweegesprekken in dit boek tussen een mens en zijn Gids, moet je aanmerken als dialogen.

'Channelen' zou veel beter kunnen worden vervangen door het begrip 'leren praten met je begeleider'.

Ik kan het niet genoeg herhalen: zoek in alles de eenvoud en blijf vooral met je voeten op de grond staan!

Een dialoog met Leila

Lieve Leila, ik wil de lezers graag een gesprek met jou laten mee beleven. Ik zal dit gesprek vastleggen op de computer. Zoals bekend: 'Ik ben de piano en jij slaat de toetsen aan.' Jouw handicap is echter dat mijn snaren nu eenmaal op een bepaalde manier gestemd zijn, waardoor ik misschien weleens iets anders opschrijf dan jij bedoelt. Corrigeer mij in dat geval, ik stel mij er voor open.

Ik: 'Leila, al mijn Gidsen noemen mij "De Man"; hun grote liefde. Toch beheersen jullie een eenvoudige manier om emoties los te kunnen laten. Het is voor mij nog steeds verbazingwekkend dat er tussen Gidsen onderling geen spoor van jaloezie te bekennen is!'

Leila: 'Waarachtige liefde is niet bezitterig. Bezitsdrang leidt tot een verarmde situatie, het maakt alles koud. Je hebt geleerd hoe je je telkens volkomen openstelt voor elk van ons. Op zo'n moment bestaat er niets anders meer voor jou dan die ander, een gevoel dat wederzijds is. Met een mens op deze aarde zou je dat niet zo kunnen, want de ander verwacht meestal veel meer. Op aarde heb je een Rietje, bij ons ben je getrouwd met allemaal en ieder afzonderlijk.'

Ik: 'Is de liefde die jullie kennen, groter dan die wij op aarde kunnen opbrengen?'

Leila: (Lachend:) 'Je hebt er geen idee van hoe groot onze liefde voor jullie is. Het stoffelijke lichaam is een hinderpaal. Wij zien wat je echt bent, iets wat je zelf niet goed kunt waarnemen. Jullie vorm van liefde wordt mede gehinderd door jullie overlevingsdrang. Maar jij bent door de omgang met ons al aardig op weg.'

Ik: 'Er zijn veel ontwikkelingen de laatste tijd. Zit hier een bedoeling achter?'

Leila: 'Wij weten heel goed wat er gebeurt. Wij begeleiden je in elke stap, niet alles is gepland.'

Ik: 'Houdt jullie begeleiding ook beïnvloeding van mensen in?'

Leila: 'Als het noodzakelijk is, kan dat gebeuren, maar wij laten de mensen steeds zoveel mogelijk vrij. Alleen in bijzondere gevallen of in nood grijpen wij in.'

Ik: 'Dit brengt mij op zwarte magie, waarvoor ook in ons land veel vrees voor bestaat, vooral bij allochtonen. Wat is jouw gedachte daarover?'

Leila: 'Het wordt zwaar overtrokken. Er zijn mensen die het proberen, en uiteraard is een negatieve gedachte nooit fijn. Die mensen schaden overigens zichzelf nog meer dan de ander. Je kunt je hiertegen beschermen door positieve gedachten in je op te laten komen, door je met ons te verstaan, of door een simpel gebed.'

Ik: 'Wie zijn ons?'

LEILA: 'De krachten van de vierde dimensie, de overkant of hoe je het ook wilt noemen.'

IK: 'Het doet me verdriet dat ik mensen met hun Gidsen in contact wil brengen, maar dat niet elk mens zijn Gids kan verstaan. Mijn verstand vertelt wel iets over de oorzaak, maar wat is jouw visie hierop?'

LEILA: 'De meeste mensen hebben een slecht concentratievermogen. Zij kunnen hun gedachten zelfs niet voor een kort moment stil zetten. Onze signalen bestaan niet altijd uit klanken, maar uit heel tere trillingen. Die moeten tussen jullie stroom van gedachten doordringen, maar in veel gevallen verdrinken zij daarin. Jij hebt van nature een soort vertaalinstrument waarmee je van die signalen een bruikbare informatiestroom maakt.

Kunstenaars en overige creatieve mensen, kunnen onze trillingen gemakkelijker opvangen, wat als inspiratie wordt omschreven. Jammergenoeg zijn er veel denkbare storingen. De kleinste afleiding, een willekeurige gedachte of een associatie werkt er al aan mee dat een impuls wordt verstrooid en onopgemerkt blijft. Voeg daarbij de twijfel die velen koesteren en het beeld is compleet. Een dier kan op die golflengte veel gemakkelijker communiceren dan een mens, al kan een dier niet in mensentaal uiten wat het ontvangt. Ook een kind tot het vierde jaar en soms tot iets ouder, is voor ons nog toegankelijk. Een kind roept niet direct luidkeels: "Dat fantaseer ik maar", als het overleden familieleden ziet. Dat doen de ouders meestal wel als zij horen wat het kind allemaal hierover vertelt.'

IK: 'Oef Leila, dat is een hele kluif! Toch vraag ik mij af of onze fantasie niet inderdaad een hinderpaal is!'

LEILA: 'Fantasie kan met je op de loop gaan, wensgedachten bestaan nu eenmaal. Toch is fantasie onontbeerlijk omdat het een toegang is. Op den duur merk je welke informatie van buitenaf en wat van binnenuit komt. Je leert vanzelf te schiften; dat wordt een tweede natuur.'

Ik: 'Hoe komt het dat in bepaalde boeken over paranormale zaken vaak zo "godderig" wordt gedaan. Ze gebruiken een taal die ik "kerktaal" noem, en ik weet dat zoiets veel mensen afstoot. Is het nodig om steeds maar luidkeels die vroomheid te etaleren. Waarom hoor ik dat dan niet bij jullie?'

Leila: 'De taal waar jij op doelt, wordt meestal gebezigd door oudere mensen uit de meer spiritistische hoek. In de jaren vlak voor en na de Tweede Wereldoorlog, werd het geloof van deze mensen door de kerken belasterd en als duivels gezien. Om aan te tonen dat men ook in hun kringen gelovig en christelijk was, werd er als een soort demonstratie naar dit taalgebruik gegrepen. Wij behoeven hier niets te demonstreren, wij zijn onszelf. We weten dat er hier geen kerken of moskeeën zijn en er geen rooms-katholiek of joodse religie nodig is. God is overal, maar heeft geen franje nodig.

Gidsen zijn geen christelijke personen, wij hebben geen club of vereniging, geen kleur en ook geen voorkeur voor enig geloof of een bepaalde groep mensen. Moslims en joden, Chinezen en Japanners, blanken en zwarten, iedereen heeft een of meerdere Gidsen.'

Ik: 'Merk jij het als ik moe ben Leila, zie je dat aan de kleur van mijn aura, of ergens anders aan?'

Leila: 'Ja, er hangt dan een soort rode gloed om je heen. Als je uiteindelijk in slaap valt, kijk ik naar jou en naar jouw dromen, die als filmbeelden aan mij voorbij gaan. Als ik opduik in je dromen dan doe ik mee in die droom. Je droomt in dat geval veel bewuster, je onthoudt het dan ook. Als je loskomt van je lichaam, hang je er als een luchtballon boven. Soms neem ik je helemaal mee naar onze golflengte. Bij terugkomst heb je slechts vage indrukken overgehouden, je bent immers zover weggeweest.

Ik houd je constant vast en als je te wild doet, neem ik je gewoon in mij op. Dan pas weet ik dat je veilig bent, waardoor alle mogelijke griezels geen kans meer krijgen.'

Ik: 'Wat bedoel je met griezels? Demonen of duivels?'

LEILA:	(Lachend:) 'Als je overlijdt ben je niet meteen een lelieblank engeltje. Er zit hier van alles, criminelen, oorlogsmisdadigers, maffiabazen en doodgewone stommelingen. In sommige gevallen ontdekken zij dat ze een enge vorm kunnen aannemen en dat paranormaal gevoelige mensen dat kunnen zien en ervan schrikken. Die engerds beginnen dan te pesten; ze proberen invloed op mensen uit te oefenen. Dat lukt gelukkig zelden, maar als je zweverig gaat doen, op hol slaat met het paranormale of aan "glaasje draaien" doet, kom je in de gevarenzone. Als de kritische zin verdwijnt krijg je "allesgelovers". De overledenen die willen pesten en invloed uitoefenen, doen zich vaak voor als "hoge geesten", een term die wij nooit gebruiken want wat is hoog?'
IK:	'Beschermen jullie ons daar dan niet tegen?'
LEILA:	'Beschermd wordt hij die zich laat beschermen. Bij jullie heb je politie, maar geen enkele vrouw gaat na elf uur 's avonds in haar eentje door het Amsterdamse Vondelpark lopen. Sommige mensen slagen erin zich aan onze bescherming te onttrekken. Zij storten zich hijgerig in de paranormale wereld, vaak onwetend van de mogelijke gevaren.'
IK:	'Als ik mij in jouw gedachten verplaats, voelt dat dan voor jou alsof ik bij je ben?'
LEILA:	'Grotendeels wel, al is je aanwezigheid nog een beetje wazig. Pas na je dood kun je je volledig manifesteren.'
IK:	'Vanmorgen was je ineens een beetje hebberig, je wilde meteen versmelten. Ik begreep het even niet, wat was dat nou?'
LEILA:	'Ik verlangde ernaar om je even heel dicht bij me te hebben'.
IK:	'Je zegt dat je verlangt, dat is toch een aards begrip? Ik dacht dat jullie "onthecht" waren?'

LEILA: (Weer breed lachend:) 'Er wordt door de zwevers onder jullie de meest grote nonsens over Gidsen verteld. Alsof wij koele kikkers zijn! Wij geven niets om dingen als bezit, dat hebben wij ook niet. Wij kennen wel een ware liefde en uit die werkelijke liefde ontspruit een diep verlangen naar totale eenheid.'

IK: 'Als ik met jou versmolten ben, verdwijnen al mijn aardse problemen; ze hebben ineens geen betekenis meer. Ik voel ook de liefde voor mijn vrienden hier op aarde, maar dat is een heel ander gevoel, minder bezitterig, alsof het minder "brandt".'

LEILA: 'Op de momenten dat wij versmolten zijn, ben je in wezen dood. Dood in de zin van "los van het stoffelijke", in ieder geval meer dan normaal het geval is. Als je compleet hier bent, zal je merken dat het aardse veel gemakkelijker los te laten is. Als je bijvoorbeeld met vakantie bent, vervagen na een weekje de zakelijke beslommeringen ook al aardig. In je caravan in de Franse Alpen is geen telefoon en komen er geen brieven met problemen. Je hebt alleen te maken met je vrouw, je aquarellen en met ons. Het is allemaal heel nuchter en logisch. Hier in onze wereld werk je aan jezelf, in samenspraak met ons.'

IK: 'Leila, dit wordt bijna een boek met de titel "Leila spreekt". Ik heb gezworen dat zoiets me niet overkomt, toch laat ik het nu een beetje toe.'

LEILA: (Lachend:) 'Je stelt je open en ik geef mijn mening. Laten we maar gaan afsluiten, voor dit moment is het genoeg.'

HOOFDSTUK

VI

Ervaringen van anderen en hun Gidsdialogen

In dit hoofdstuk 'Ervaringen van anderen' lees je een verzameling van brieven en reacties, die ik vanuit het hele land toegestuurd kreeg. Er zitten ook reacties bij van mensen die mijn voordrachten hebben bezocht. Deze lezingen worden vanuit het hele land georganiseerd door parapsychologische verenigingen. Dit zijn meestal organisaties met namen die veelzeggend zijn zoals 'Op naar het Licht' of de 'Poort naar het licht'. Ook de 'Vereniging voor Parapsychologie in Zaanstad', organiseert dergelijke lezingen. Ik vermoed wel dat men bij laatst-genoemde vereniging in een aantal opzichten nuchterder is dan bij een aantal soortgelijke organisaties. Dat komt waarschijnlijk omdat er duidelijk minder met psychometrie wordt gewerkt, een methode om met behulp van persoonlijke voorwerpen paranormale indrukken op te doen.

Na een lezing krijg ik vaak reacties op de eerder in dit boek beschreven zaalproef. Tijdens deze proef krijgt een aantal van de aanwezigen indrukken van hun Hoofd- of Oergids, waarmee zij vervolgens een relatie opbouwen die steeds sterker wordt. Ja, en dan komen na verloop van tijd bij mij de brieven binnen.

Ik ontvang vaak zeer spontane brieven. Zoals van diegenen die zeer onthutst waren toen ze ontdekten dat ze al jaren een Gids hebben.

Mijn leerlingen geef ik altijd opdrachten waarbij ze bepaalde vragen aan hun Gids mogen stellen. Ik gebruik hiervoor dezelfde vragen die ik al heel lang geleden aan mijn eigen Hoofdgids Leila stelde. Ik kreeg zulke passende antwoorden op die vragen, ze waren uitermate bevredigend. De antwoorden die mijn leerlingen kregen, zijn tot dusver vrijwel gelijk aan hetgeen ik via Leila heb gehoord. Je zou dit natuurlijk 'channelen' kunnen noemen, maar dat woord lijkt mij in het geheel niet van toepassing. Nee, ik spreek veel liever van 'dialogen'. Bij 'channelen' ga je er namelijk echt voor zitten om 'boodschappen' op te vangen en te noteren. Dit kun je ook door middel van automatisch schrift doen. Of, zoals ook voorkomt, hardop met de stem van een Gids of geest datgene verkondigen wat die Gids of geest kwijt wil.

Mijn leerlingen doen in feite aan een vorm van samenspraak, wat merkbaar is als je de dialogen leest. Er is ook een dialoog met mijn eigen Gids Leila bij, waarbij je zult merken hoe simpel, liefdevol en eenvoudig wij met elkaar praten. Met wij bedoel ik niet alleen mijzelf, maar ook mijn leerlingen Hans Otjes en Dolf Eijgenstein. Ik heb met hen allebei regressies gedaan en zij bleken na verloop van tijd zo goed met hun Gidsen te kunnen communiceren, dat zij op dezelfde wijze zijn gaan werken als ik.

Als iemand bij mij een sessie heeft, ben ik natuurlijk niet de enige die de regressie begeleidt. Vanzelfsprekend zijn er ook nog de Gidsen van de cliënt en mijn eigen Gidsen, die de sessie in goede banen leiden.

Dialoog tussen Avra (Gids) en Dolf (Eijgensteyn)

Donderdag 27 oktober 5.20 uur 's ochtends

DOLF: 'Hoi Avra, ik heb zojuist een telefonisch gesprek met paragnost Jan Kleyn gevoerd. Domme vraag misschien, maar ken jij hem?'

AVRA: 'Ja, inderdaad een domme vraag, natuurlijk ken ik hem. Als jouw Gids ben ik om je heen, dus hoorde ik jouw telefoongesprek ook. Jan is een fijne man, waar je mee mag werken. Zo, je volgende vraag wil ik met "ja" beantwoorden.'

DOLF: 'Hier is dan die vraag waar jij al "ja" op hebt gezegd, mogen de gesprekken die wij voeren, gebruikt worden voor het volgende boek van Jan? Wil jij hieraan meewerken?'

AVRA: 'Ja hoor, natuurlijk wil ik meewerken, het is een hele uitdaging want Jan is niet gemakkelijk. Gelukkig is hij net als jij, kritisch, maar wil op zijn tijd ook "geloven" als dat moet. Jullie kennen elkaar niet voor niets en kunnen elkaar verder helpen.'

DOLF: 'Avra, weet jij eigenlijk wat Jan wil bereiken met het boek wat hij schrijft?'

AVRA: 'Ja, hij wil zoals gewoonlijk meer begrip tussen mensen die op aarde leven en Gidsen proberen te kweken. Wij Gidsen zijn voor velen niets, iets wat niet kàn bestaan. Toch zijn wij er net zoals jij er nu bent. Wij voelen alles wat jullie voelen, wij weten dat nog uit ons aardse leven. Wij waren eens samen en zijn het nu weer. Ik ken jou en jij leert mij steeds meer kennen en vertrouwen. Dat alles voelt goed. Jan is zoals jij, een goede zaaier.'

DOLF: 'Wat zaaien hij en ik dan?'

AVRA: 'De goede gedachte over ons. Jij neemt net als hij vaak risico's door over mij te praten. Niet iedereen begrijpt dat, sommigen vinden "dat gedoe met ons" maar vreemd.'

DOLF: 'Lieve Avra, waarom is er altijd haat en nijd tussen mensen?'

AVRA: 'Uiteindelijk lieve jongen, is dat de angst voor de dood. Men wil hier op aarde iets bewijzen, wat niet te bewijzen is.'

DOLF: 'Als men weet dat "de dood" er eigenlijk niet is, zou dat het einde van alle oorlogen betekenen?'

AVRA: 'Ja hoor eens jongen, ik ben een Gids, die ook niet alles weet. Zoals je weet vraag ik die dingen vaak aan de Gidsen Stella of Ilaar. Die hebben meer ervaring. Ik ben er voor jou, vooral voor de liefde, maar ook voor veel meer dan dat.'

DOLF: 'Zeg Avra, denk jij dat, wat we tot nu toe tegen elkaar hebben gezegd, eveneens interessant is voor anderen?'

AVRA: 'Ja hoor, laat ze maar weten dat wij met elkaar spreken zoals er normaal ook een gesprek gevoerd wordt. Ongelovige mensen noemen dit abnormaal, maar jij en ik kennen de waarheid. Er zouden veel minder problemen tussen mensen zijn als men kon aanvaarden dat Gidsen er zijn om hun ruimere ervaringen door te geven. Als men dat zou beseffen, zou er zelfs vrede tussen de mensen komen. Jij voelt je toch ook lekker als ik met je praat?'

DOLF: 'Nou en of dat lekker voelt.'

AVRA: 'Zo wil ik met jou en met Jan aan zijn boek meewerken, want dat brengt vrede, het gevoel dat wij er altijd zijn voor jullie. Toch kunnen we niet alles voor je oplossen, maar dat mag ook niet, je bent immers geen poppetje aan mijn touwtje.'

DOLF: 'Avra, zou jij de vraag aan Stella en Ilaar voor willen leggen of oorlogen verdwijnen wanneer de angst voor de dood weg zou zijn?'

AVRA: 'Ja hoor, dat is zo gedaan. Zij zijn ervan overtuigd, dat als jullie er opener voor zouden staan, er meer innerlijke vrede zou zijn. Er zou geen behoefte meer bestaan aan lelijke dingen. Dit zou niet alles uitbannen, want het lelijke moet er toch wel zijn om het mooie te kunnen waarderen. Maar die blinde haat tussen jullie is er dan niet meer, dat klopt wel.'

DOLF: 'Wie zei dat alles, Avra?'

AVRA: 'Dit komt van Stella, ik ben trots dat ik met die meid mag werken.'

DOLF: 'Lieve Avra, in je vorige antwoord zei je "jullie". Bedoel je dan jullie wereld en onze wereld, zoals men ook wel zegt deze zijde en gene zijde? Is er dan wel een scheiding tussen ons?'

AVRA: 'Natuurlijk niet, het is er allemaal tegelijk. Als jij er bent, ben ik er ook en nemen we dezelfde plaats in. Er is maar één plaats waar we allemaal tegelijk zijn. Alleen jij ziet dat niet en denkt dat deze gescheiden zijn. Je vraagt wel eens, waar ik nu echt zit. "In je hoofd", antwoord ik dan. Ik bedoel dat ook figuurlijk, net als je andere Gidsen. Als jij dus, zoals je zegt, "dood" gaat, verander je niet veel van plaats, je neemt dan alleen de andere ruimte in, die toch dezelfde is. Moeilijk hè? Jammer dat je dat pas echt begrijpt als het zover is.'

DOLF: 'In je vorige antwoord zei je onder andere: "Ik ben in je hoofd." Nu denken sommige mensen, ook wetenschappers, dat je dan een produkt bent van mijn eigen fantasie. Hoe denk jij daarover?'

AVRA: 'Zoals ik al meerdere malen zei, ik ben er echt, net zo echt als jij, alleen heb ik geen lichaam zoals jij. Ik ben zeker niet iets uit jouw fantasie, maar heb geheel eigen gedachten en invallen. Jij merkt dat vaak, doordat je verrast bent door mijn antwoorden, die zijn dan niet een produkt van je eigen onbewuste of nog diepere gedachten zoals je in het begin wel dacht.'

DOLF: 'Misschien een overbodige vraag: ben jij een onafhankelijk wezen of ben jij een deel van mijzelf?'

AVRA: 'Vertrouw me nu maar, ik ben er zelf. Ik ben een apart van jou bestaand wezen, maar in zoverre één geheel, zoals man en vrouw één geheel zijn en toch ieder apart bestaan. Zo beschouwd, ben ik wel een deel van jou. Op die wijze ben ik in jou, maar volkomen zelfstandig. Mijn gevoelens en antwoorden deel ik jou wel mee, maar jij blijft zelf verantwoordelijk voor wat je daarmee doet. Je mag dus zelf bepalen of je het er mee eens bent wat ik je vertel. Ik heb daar vrede mee, nogmaals: je bent geen poppetje aan mijn touwtje.'

DOLF: 'Mijn Gids Gabriël kondigt zich bij mij vaak aan met het woord "Hoofdgids". Hoe ervaar jij nu zo'n Hoofdgids?'

AVRA: 'Heel eenvoudig Dolf, door meer licht en warmte. Wij merken dat direct en ook voor ons voelt dat goed. Wij weten dan ook meteen dat we bij zo'n Hoofdgids terecht kunnen met onze vragen.'

DOLF: 'Wat voor vragen zijn dat over het algemeen?'

AVRA: 'Dat zijn de echt spirituele vragen, die jij ook stelt in een gesprek met je Gids maar waar wij Gidsen niet direct een antwoord op weten. Soms moeten wij antwoorden doorgeven die ook voor ons moeilijk zijn. Denk niet in dat geval dat jij zo dom bent om ons niet goed genoeg te ontvangen, want het is nu eenmaal zo moeilijk.'

DOLF: 'Lieve Avra, wil zo'n Hoofdgids als Gabriël zich met het woord 'Hoofd' onderscheiden van anderen, van Gidsen zoals jij?'

AVRA: 'Nee lieverd, het is bedoeld om jou te laten weten, dat hij het nog wat beter weet dan wij. Voor ons ligt zoiets gemakkelijk, maar het ligt niet in de lijn om te zeggen dat hij dan ook *meer* is. Hier zijn we allen gelijkwaardig, daar schort het bij jullie nogal eens aan. Ach, gelijkwaardigheid is maar een woord, denk maar eens aan jullie uitdrukking: "De eerste onder zijn gelijken".'

Dolf stelt Jan's vragen aan Avra

VRAAG 1: 'Hoi Avra, hier de eerste vraag van Jan aan jou. Als ik probeer om "bandstemmen" op te nemen, waar voel jij jezelf dan?'

ANTWOORD: 'Zoals altijd ben ik in en om je heen, dus ook als je pogingen doet om "bandstemmen" op te nemen. De enkele contacten die je kreeg via de bandopnamen, waren geheel toevallig. Je vermoedde al dat ik op die momenten vooral rechtsbovenin je hoofd was. Je voelt het daar min of meer opzwellen, maar dat lijkt maar zo hoor. Je gebruikt nu nog te veel energie tegelijk. Onze gewone contacten gaan goed en worden nog beter. Zo'n bandstem komt tot stand zoals het beeld dat ik je liet zien. Dat ging om het overladen van brandstof of energie bij twee vliegtuigen (die vliegtuigen dat zijn wij). Dit gebeurt in de ruimte, via een "slurf". Jouw "slurf" eindigt ergens in de ruimte, net als ook de ontvangende opening van mij en de anderen waar je contact mee zoekt. Doordat je dus te veel energie tegelijk gebruikt, beweegt het uiteinde van die slurf te sterk. Het gevolg hiervan is dat je mijn opening niet vindt. Wij gebruiken hier in mijn wereld precies genoeg energie. Als jij leert de juiste hoeveelheid energie te gebruiken, raken de kleine uiteinden elkaar en kunnen onze energieën versmelten en resoneren, dus versterken. De ontstane energie zal een impuls veroorzaken, waardoor wij ons kenbaar kunnen maken op de band. Let wel, dit is niet eenvoudig. Het gaat net zoals bij een sturend principe in de kosmos, als een kleine hoeveelheid stof (= energie) een biologisch mechanisme laat opbloeien; zal een teveel daarvan het vernietigen. Jij bent in staat om dit principe toe te passen, maar gebruikt te veel energie ineens.'

VRAAG 2 :   'Heb jij wel eens contact met Leila en Emea?'
ANTWOORD: 'Ja hoor, als jij met Hans of Jan praat, zijn zij ook met mij in contact. Wij voelen elkaar. Jullie hebben vooral het zien nodig en dat is prettig bij je werk (regressie en dergelijke). Zoals je weet, is goed aanvoelen even veel waard als andere manieren van weten.'

VRAAG 3 :   'Zijn er in jouw wereld ook beelden, zoals landschappen en dergelijke?'
ANTWOORD: 'Jazeker, al hebben wij die beelden niet nodig. Toch is het prettig vertoeven voor ons. Het is herkenbaar en vertrouwd, vooral in communicatie met jullie en overledenen. Het maakt onze contacten gemakkelijker. De beelden bestaan uit bepaalde vormen van energie, zoals alles wat waargenomen kan worden. Maak daarvan gebruik met de juiste hoeveelheid energie, Dolf. Weet je nog, hoe beter je dit doet, hoe meer je gewaar wordt. Nogmaals, het zijn zoals jullie zeggen, subtiele energieën. Dus alweer Dolf, subtiel ermee werken en je wordt het gewaar, te sterk gebruik blust alles uit.'

VRAAG 4 :   'Avra, hoewel je het wel gehoord zult hebben, vraag ik je het volgende. Jan wil graag weten hoe jij denkt over de zogeheten UFO's. Zijn die psychisch of bestaan ze uit materie en zitten er entiteiten in?'

ANTWOORD: 'Lieve Dolf, er is geen materie, maar energie. Wat jullie UFO's noemen, zijn geen "dingen", maar is energie. Door datgene wat jij snelheid noemt, wordt het zichtbaar. Deze energie wordt door haar snelheid anders van kleur. Een UFO is dus geen voorwerp maar energie. Nog belangrijker is, dat er geen entiteiten in zitten. *Het zijn entiteiten!* Jullie zien allerlei vormen, doordat je geest dit zo aanvaardt met de menselijke vermogens. Zoals ik eruitzie, is zoals ik mijzelf wil laten zien aan jou. Ook andere Gidsen kunnen dat. Ik vertoon mij aan jou, zoals jij mij herinnert. De verhalen in de sensatiepers over "inzittenden" zijn niet helemaal waar. Zij zijn geen inzittenden, ze zijn als de vorm zoals zij door jullie kennelijk gezien willen worden.

Jammer Dolf, maar ik denk te weten, dat jij nooit een UFO zult zien, al wil je dat graag. Jij hoeft dat ook niet. Je ziet mij, Roosje en soms anderen, dat is genoeg voor je en dat moet je maar aanvaarden jongen. Ik blijf je helpen en ook Roosje gaat nooit meer weg. Ze houdt van je. Ik, Avra, ben er voor jou en begroet je later als je komt. Ook dan zal ik er voor je zijn.'

De merkwaardige grijze figuren die door verschillende mensen worden gesignaleerd die contact met UFO's zeggen te hebben gehad, lijken eerder onstoffelijk dan stoffelijk. Tijdens een eigen onderzoek bij het tijdschrift ParaVisie, meldden waarnemers dat deze figuren door gesloten deuren en ramen komen en gaan. De grijze wezens komen uit witte, lichtende bollen. Uit hun gedrag maak ik op dat de wezens vergelijkbaar zijn met ons wespenvolk, bijen, termieten of mieren. Bij al deze soorten is er namelijk sprake van een *groepsziel.* De mier of bij kan zich individueel niet handhaven; slechts binnen de groep functioneert het insekt. Vergelijk ze bijvoorbeeld met cellen in een menselijk lichaam. Ik denk dat Avra dit bedoelt met 'de UFO is het individu'. De figuren handelen dus vanuit de centrale bol; wellicht behoort de bol weer tot een totaalziel elders in de kosmos of ruimte.

In gesprek met Emea

Ik geef niet alleen mijn leerlingen, maar ook collega's en vrienden, opdrachten mee naar huis, ik noem dat 'huiswerk'.

In de loop der jaren is de relatie tussen Leila en mij uitgegroeid tot een ontspannend contact. Leila drukt zich daarbij ook in zichtbare gebaren uit. Ik heb gemerkt dat ook mijn collega's op deze manier het contact met hun Gids ontwikkeld hebben. Toen ik aan Hans Otjes vroeg of hij weleens iets dergelijks had ervaren, kwam onderstaande dialoog naar voren.

In het tweede deel van het gesprek legt Hans aan Emea mijn vragen voor. Het lijkt er echter op alsof ik persoonlijk met haar praat, maar nogmaals, Hans stelt de vragen namens mij en maakt de aantekeningen. Zowel in de vragen als in de antwoorden wordt eveneens *over* Hans gesproken, omdat Emea het woord tot mij richt.

In het eerste gedeelte richt Emea zich wel tot Hans.

Emea maakt veel verschillende gebaren. Ze steekt soms haar tong uit en heeft een flinke voorraad glimlachen. Verontwaardigde gebaren, aanhalig zijn en stampvoeten zijn haar ook niet vreemd. Een heftig 'ja' of 'nee' schudden met haar hoofd, of zwaaien. het is allemaal mogelijk.

Eerste gedeelte van het gesprek

HANS:	'Emea?'
EMEA:	'Hans.'
HANS:	'Jan heeft ons gevraagd...'
EMEA:	'Ja, dat weet ik. Ik heb al gezegd dat het goed is. Doe toch niet zo plechtig! Mannen...' (Ze maakt een gebaar alsof mannen, en ik in het bijzonder, een stel grote kleuters zijn.)
HANS:	'Emea?'
EMEA:	'Ja Hans.'
HANS:	'Jan is degene die ons met elkaar in contact heeft gebracht. We zijn hem wel iets verplicht.'
EMEA:	'Alles verplicht en meer, namelijk vriendschap!'
HANS:	'Voordat ik Jan ontmoette was ik er niet bijzonder goed aan toe.'
EMEA:	'Zeker, je had het moeilijk, heel zwaar.'
HANS:	'Nu helpen wij mensen.'
EMEA:	'Ja, dat had ik niet durven dromen.'

HANS:	'Ik ook niet Emea. Ik begrijp nog steeds niet dat dit eruit kwam tijdens de regressie bij Jan.'
EMEA:	'Dat moest, het was immers voorbestemd.'
HANS:	'Ach, je kent mijn twijfels.'
EMEA:	'Dat geeft niet. Vertrouw nu maar op Jan, Leila, jezelf en op mij. Hoe vaak moet ik dat nu nog tegen je zeggen?'
HANS:	'Heel vaak... en... Emea...'
EMEA:	'Ja jongetje.'
HANS:	'Sorry hoor, maar ik ben wel negenenveertig jaar!' (Emea lacht, alsof ik iets zeg wat heel onbelangrijk en belachelijk is. Dat is voor haar waarschijnlijk ook zo, omdat 'tijd' bij haar geen rol speelt. Daardoor is ook leeftijd een nietszeggende factor.) 'Jij hebt gemakkelijk praten, hier verklaren ze mij voor gek!'
EMEA:	(Plagend:) 'Je moet toegeven dat daar veel inzit.'
HANS:	'Emea, je weet wat ik bedoel. Mijn beste vrienden fronsen hun wenkbrauwen als ik hen over jou en ons werk vertel.'
EMEA:	'Ja, dat is heel droevig natuurlijk. Je brengt ze een lichtje en zij zeggen dat er geen lichtjes bestaan. Maar, lieve vriend, als het donker wordt, is dat lichtje er toch, en *jij* brengt dat. Er is veel duisternis en mensen snakken naar die lichtjes. Ze moeten nu eenmaal gebracht worden en daarom zijn er van die "gekken" als jij nodig, meer dan ooit tevoren zelfs, duidelijk?'
HANS:	'Duidelijk.'
EMEA:	'Probeer je bewust te zijn van het "lichtkanon" in je rug, van waaruit het licht in jouw lampje steeds weer wordt aangestoken. Ben je dat bewust?'
HANS:	'Ja, reken maar!'
EMEA:	'Ben jij je ook bewust van die onmetelijke, liefdevolle kracht van deze lichtbron?'
HANS:	'Ja, ik geloof van wel.'
EMEA:	' Nou, doe dan wat je moet doen. Het is prachtig werk om een "loopjongen van het licht" te zijn.'
HANS:	'Toch hoop ik dat "de maëstro" ons nog een poosje blijft steunen.'
EMEA:	'Ja, ik ook, maar eens moet je zonder hem verder en dat weet je.'
HANS:	'Ja, dat weet ik wel.'
EMEA:	'Daarom moeten we nu hard werken, veel leren, oefenen, gokken, proberen, dapper zijn en niet te truttig, nu Jan,

	Leila en andere vrienden ons willen en kunnen helpen.'
Hans:	'We moeten snel hè?'
Emea:	'Ja, je moet snel, maar dat kun je ook. Geen vrees, je bent sterk, veel sterker zelfs dan je denkt!'
Hans:	'Emea?'
Emea:	'Lieve Hans.'
Hans:	'Maar we doen het altijd samen hè?'
Emea:	'Ja hoor, altijd samen.'
Hans:	'Gelukkig maar, want ik ben maar een oliebol.' (Emea geeft Hans een kus op zijn voorhoofd.)
Hans:	'Zou het zo genoeg zijn?'
Emea:	'Oh, oh, oh, jullie mensen ook.'
Hans:	'Emea, jij bent toch ook een mens?'
Emea:	'Ja, maar toch heel anders, gelukkig.'
Hans:	'Tja, tot gauw dan maar!'
Emea:	'Tot gauw.'

Tweede gedeelte van het gesprek

Vraag:	'Wat doen jullie als Hans gewoon met zijn leven bezig is, als hij eet, slaapt of regressies houdt? Ben jij dan in zijn omgeving? Is die omgeving alleen zijn golflengte of, in aardse termen, is het naast zijn lichaam?'
Emea:	'Ik ben altijd in de omgeving van Hans, in die zin dat ik altijd voor hem bereikbaar ben. En ook voor jou Jantje, want we zijn tenslotte vrienden met elkaar en voor elkaar. We spreken dan over "golflengte". Ik sta altijd voor Hans open, hij hoeft maar een kik te geven en ik ben bij hem. Er zijn momenten dat hij bewust of onbewust "niet thuis" is. Dat respecteer ik. Ik heb soms ook mijn eigen persoonlijke bezigheden, waar ik Hans buiten houd. Vrijheid en respect: menselijk en begrijpelijk. Hij vergeet me wel eens als het om gewone dingen in het leven gaat. Ik heb daar over gemopperd, want juist die gewone dingen kunnen zo gezellig zijn.
	Wanneer we praten, zoals nu, is het meer op "golflengte", de Emea/Hans-golflengte, al bevind ik mij nog wel een beetje meer op de zijne dan andersom. Maar Hans oefent hard om ook op de mijne te komen. Tja, ik sta wel eens stiekem naar hem te kijken, als hij aan het koken of timmeren is. Hij heeft dan niets in de gaten en is op zo'n moment zo lief! Ineens kan ik dan

ontzettend veel van hem houden. Soms trek ik hem dan even naar mij toe, dan denkt hij aan me en praten we wat.

Er zijn vele momenten dat ik echt bij hem ben; voor de regressies lopen we samen altijd even de tuin op en neer en praten we over de cliënt. Ik straal hem dan wat kracht in, hij omarmt mij, we knuffelen elkaar en versmelten op onze manier. Ik geef hem wat tips of we lachen gewoon maar wat. Dikwijls leg ik mijn hoofd even op zijn linkerschouder, dat vindt hij zo knus.

Tijdens de regressies sta ik achter Hans, en tegelijk daar waar het nodig is, je kent het wel. Ik ben er met mijn handen om chakra's in te stralen. Ik ga samen met de cliënt en met Hans 'de trap af' en ben overal waar de reis tijdens een regressie ons heen voert. Wanneer hij "mediteert" – hij noemt dat "een helder uurtje doen" – verplaatsen wij ons en neem ik hem bij de linkerhand. Soms bevind ik mij voor hem, dan straal ik hem boven zijn kruin in. Als het nodig is om te "helen", kruip ik samen met hem "naar binnen" om de plaats waar de pijn zit vanaf die kant te bekijken (hebben we ook weleens bij cliënten met pijn gedaan). Hans en ik wandelen, vliegen en zitten graag op geliefde plekjes. Zomers in de tuin denkt Hans weleens aan een groot blad van een boom waar ik heerlijk in kan zitten of liggen wanneer we praten. Kortom het wisselt van pure golflengtes naar een duidelijkere stoffelijke aanwezigheid.

Ons Hansje is een "vragensteller", ik word er soms tureluurs van, maar ja jij kan er ook wat van Jan: zo meester, zo leerling!

Altijd is er affectie en verbondenheid, liefde en betrokkenheid tot elkaar, anders gaat het niet zoals je weet.'

VRAAG: 'Vervelen jullie je niet?'
EMEA: 'Hans verveelt zich nooit, dus ik ook niet. Het is een bezig baasje en houdt van het uitwisselen van gedachten met de mensen om hem heen. Dat is voor mij een extra plezierige bijkomstigheid. Met elkaar, wanneer "het baasje" openstaat, komen we tijd tekort. Er is nog zoveel te doen en te bespreken!

Nee, ik steek dus geen sigaretje op; ik "haat" het dat hij rookt. Als wij contact hebben wijs ik hem daarop, al trekt hij zich daar zelden iets van aan. Maar verder is zijn manier van genieten, met een glaasje in de zomerzon, ook een genot voor mij, al drink ik niet daadwerkelijk een biertje. Zijn "genotstrillingen" zijn mijn drankje. In feite drink en eet ik, maar ik krijg nooit een kater of buikpijn. Tja, dat zijn zo de voordelen van onstoffelijk genieten. Als Hans een kater heeft zeg ik weleens: stommerd, eigen schuld dikke bult. Maar dat kan hij niet zo waarderen.'

VRAAG: 'Praat je ook wel eens met mijn Gidsen?'

EMEA: 'Leila is mijn mentor en vriendin geworden; we hebben een fijn en intens contact. Ze steunt mij enorm en ik sta voor haar en haar "Gidsvrienden" klaar. Elke ontmoeting met iemands Gids is ook voor mij een belevenis. Natuurlijk vind je de ene leuker dan de ander, waardoor er ook vriendschappen ontstaan. Er is dus veel contact onderling mogelijk. Met mij kun je altijd praten Jan, gezellig!

Overigens zou ik het in dit verband heel fijn vinden, als je Hans zijn tweede Gids bij hem binnen zou willen leiden. Ik vind dat alleen jij dat op de meest waardige wijze kan doen, daar dèze Gids voor Hans heel belangrijk gaat worden voor zijn ontplooiing. Maar, geen stress, we hebben geduld.'

EMEA: 'Nou lieve Mentor "Jantje de Maëstro", het was weer leuk om even te praten; een dikke kus van mij èn Hans. We zijn immers héél gelukkig met jouw aanwezig in ons leven, in onze werelden.'

Nb.: Hans heeft inmiddels grotendeels zelfstandig contact met zijn tweede Gids, Jarich, gekregen.

Een leerling vraagt aan haar Gids

LEERLING: 'Hoe moet men zich het begrip "tijd" voorstellen in vergelijking met de aardse tijd?'

ANTWOORD: 'Op aarde is "tijd" noodzakelijk, anders zou het daar een rommeltje worden. Het is een soort communicatiemiddel die nodig is vanwege jullie aardse vervoermiddel, "het stoffelijke lichaam". Dit lichaam heeft rust nodig, vandaar het onderscheid tussen dag en nacht. De tijd is nodig om afspraken mee te regelen, als je naar school gaat, of werkt en bij veel andere gebeurtenissen.

Bij ons bestaat het begrip "tijd" niet. Wij hebben geen lichaam dat rust nodig heeft. Als wij bijeenkomsten hebben, stellen wij elkaar hiervan op telepathische wijze op de hoogte. Dit gebeurt, indien nodig, via een soort straling (energie) die iedereen op dat moment bij de gebeurtenis bij elkaar brengt. Waar je je ook begeeft, je bent direct daar waar je moet zijn, want afstand is er niet.

Hoe hoger je bent gestegen in groei en ontwikkeling, des te fijner is de trilling die je ontvangt. Zodoende onderscheiden de zielsgroepen zich en vindt er tegelijk een soort selectie plaats.

Zoals je dus merkt, is tijd bij ons niet van belang. De momenten dat wij met tijd geconfronteerd worden, is bij jullie. Als je 's nachts met ons verbonden bent, weten wij dat het donker is; zoals we overdag weten dat het licht is. Maar verder heeft het voor ons dus geen enkele betekenis. Daarom kunnen wij paragnosten wel laten weten dat er iets te gebeuren staat, maar niet precies *wanneer*. En dat is maar goed ook. Als je alles vooraf al weet, maakt dat echt niet gelukkig. Voorspellingen kunnen een waarschuwing voor de komende tijd inhouden, maar meer niet. Een mens creëert trouwens grotendeels zijn eigen toekomst. Wij geven hoogstens eens een duwtje in de goede richting als iemand de juiste koers uit het oog dreigt te verliezen.'

Enige tijd na bovenstaand gesprek ontdekte de leerling dat deze kennis niet afkomstig was van haar eigen Gids, maar van haar leermeester, Staphros genaamd. Het was de eerste keer dat ze zich van hem bewust was.

HOOFDSTUK

VII

Hoe kun je met je Gids communiceren?

Als iemand zijn Gids heeft leren kennen, komt in veel gevallen de vraag naar boven: 'Wat kan ik daar nu eigenlijk mee doen?' Niet iedereen stelt zich die vraag natuurlijk. Tot mijn verbazing zijn er zelfs mensen die ermee volstaan de naam en het uiterlijk van hun Gids te weten, meer niet.

Ik hoor vaak: 'Hoe moet ik nu verder met mijn Gids omgaan?' Een beetje domme vraag hoor, want wat doe je nou met je allerbeste vriend?! Het antwoord is dan ook simpelweg: 'Houd je met je Gids bezig.' Vergelijk het eens met een aardse relatie, ook die moet opgebouwd worden en heeft regelmatig voeding nodig. De relatie met een Gids is als een plantje; het groeit door het met jullie aandacht te begieten.

De basis van een relatie – of dat nu een aardse relatie is, of met iemand aan de andere kant – is heel eenvoudig: 'communicatie'. Wanneer je niet kunt praten met je stoffelijke vrouw of met je stoffelijke vriend, kun je dat waarschijnlijk ook niet met vreemden. Je zult er dan bovendien moeite mee hebben met je Gids te communiceren. Elders in dit boek stelde ik al, dat wie goed kan communiceren op de aarde, dit ook met zijn Gids kan. Daarop kwam eens een lichtelijk geërgerde reactie van een dame, die zei: 'Bedoelt u dat je allemaal vlot van de tongriem moet zijn gesneden?'

Nee, dat is natuurlijk onzin. Er bestaat ook zoiets als 'non-verbale communicatie', door woord en gebaar je partner laten weten dat je van hem/haar houdt. Deze vorm van communicatie kan een kleine attentie betreffen, zoals een liefdevolle streling, een knipoog, een glimlach, of wat dan ook.

Geldt ditzelfde voor het contact met je Gids, die per saldo niet stoffelijk is? En bestaat er zoiets als een niet-stoffelijke streling? De antwoorden op deze twee vragen is ondubbelzinnig 'ja'. Ik heb al duizenden mensen gesproken en vele brieven ontvangen waaruit blijkt, dat er wel degelijk een vorm van stoffelijk contact met een Gids kan zijn. Dat klinkt natuurlijk uitermate vreemd. Bedenk wel, dat alle stoffelijke indrukken die je op aarde krijgt door je psyche in wezen verwerkt worden. Zo wordt een lijfelijke aanraking door je hersenen in emotie vertaald; het is in principe niet meer dan een psychische indruk. Wij zijn nu eenmaal geestelijke wezens, die van het lichaam slechts gebruik maken. Zo maken we af en toe een kop thee of smeren een boterham; maar onze geest kan geen boterham smeren of thee inschenken. Het lichaam heeft echter wel voedsel nodig om te kunnen blijven voortbestaan. Daar zorgt de psyche dus onder andere voor; het is de motor van je leven.

Communiceren met je Gids gaat ook via de psyche, net als de communicatie met een mens op aarde. Er is dus weinig verschil tussen deze vormen van communicatie. Of het nu op de 'aardecommunicatie' is of in de 'hemelcommunicatie', in wezen maakt het niets uit. Wil jij je Gids een streling langs de wang geven? Concentreer je er dan rustig op en denk sterk aan een uitgestoken hand, die zachtjes langs de wang van je Gids streelt. Je zult dan merken of horen, dat die streling wel degelijk is gevoeld. Omgekeerd kan ook jouw Gids je hand vastpakken, een hand op je rug leggen en je liefkozen. Hoe meer oefening, des te makkelijker de praktijk.

Voor sommigen is telepathie uitsluitend van toepassing via het zogenaamde 'helderhoren'. Telepathie gaat echter veel verder dan alleen maar horen. Het geheel omvat zowel het helderhoren, -zien, -voelen, -ruiken, -weten, als -proeven. Alle stoffelijke zintuigen hebben een onstoffelijke tegenhanger. Deze tegenhanger hebben wij niet in ons stoffelijke lijf, maar bevindt zich in ons geestelijke lijf. Daardoor kunnen we wel degelijk indrukken ontvangen die ver boven stemgeluiden uitgaan.

Wanneer praat je met je Gids?

Over het algemeen praat je met je Gids als je alleen bent. Dit is niet alleen mijn ervaring, maar ook die van vrienden.

Mijn vriend Dolf zegt: 'Ik praat wel eens met mijn Gids als ik op het toilet zit. Of als ik ergens naartoe moet en alleen in de auto zit. Daar kan ik zonder problemen een dialoog van soms wel een uur houden – alhoewel mijn medeweggebruikers mij dan wel eens vreemd aankijken!'

Ook in een wachtkamer heb ik weleens een gesprek gehad met mijn Gids, ik noem dat een 'binnendialoog.'

Voor elke dialoog met je Gids is concentratie nodig, waarvoor je alleen moet zijn. Als je door lawaai, harde muziek of een rinkelende telefoon gestoord wordt, is concentreren praktisch onmogelijk.

Ik herinner mij nog dat ik een voordracht over Gidsen zou houden in Amsterdam-Oost. Eigenlijk was ik daar iets te vroeg, alleen de beheerder van de kantine was nog maar aanwezig. De man voorzag mij van koffie en koek, waarmee ik me terugtrok in een lege zaal.

Daar zat ik dan in alle rust, helemaal alleen en door niemand gehinderd. Gedurende een klein half uur voerde ik een opvallend gezellig gesprek met Leila en een paar van mijn andere Gidsen. Ik herinner mij de warme en intieme sfeer nog levendig, we waren heel dicht bij elkaar.

Praten met je Gids is dus niets anders dan praten met een goede vriendin. Met mijn stoffelijke Gids – mijn aardse Rietje – heb ik vaak heel genoeglijke en lange gesprekken. Vooral een half uur voordat we vrijdag- of zaterdagavond naar bed gaan, is uitermate gezellig en waardevol. Denk nou niet dat ik dan voortdurend over paranormale zaken of filosofische kwesties praat, ook het gewone leven komt aan bod. Dat geldt in gelijke mate voor de gesprekken met mijn goede Gidsen. De dingen van de dag worden besproken, gevoelens worden geuit en we vertellen de ander hoeveel liefde je voelt voor elkaar. Het zijn juist die gesprekken, die de geest verrijken en verdiepen, en bij de ander dat gevoel van warmte en geborgenheid oproepen.

Het wezen van de telepathische overdracht

Een telepathische overdracht is niet van dien aard, dat je een duidelijke stem in je hoofd krijgt die zegt: 'Moet je horen lieve meid, je moet wat beter op je gewicht letten.' Nee, een telepathische overdracht is simpelweg een impuls van een bevriende entiteit.

Ik ga ervanuit dat er aan jouw hypofyse een impuls doorgegeven wordt. De pijnappelklier (bovenin je hoofd) stuurt dit impuls door naar jouw zogenaamde spraakcentrum. In je hersenen bevindt zich ook een woordenboek, waarin pakweg honderdduizend of misschien negenhonderdduizend Nederlandse woorden zijn opgenomen. Het impuls wordt door je hersens omgezet in woorden, die een aantal bruikbare zinnen vormen. Zo ontstaan er dus uitspraken of gedachten.

Een impuls kan eveneens in een visualisatie of een gezichtsindruk worden gerealiseerd. Het kan dus net zo goed het ruiken van een bepaalde geur zijn, het zien van een specifiek beeld, het proeven van een bepaalde smaak, of een stoffelijke indruk van een hand betekenen. Telepathie is dus niet meer dan het verkrijgen van impulsen, die door de stoffelijke hersenen vertaald worden in voor jou begrijpelijke termen of begrippen.

Een voorbeeld dat ik vaker aanhaal is het volgende. Ik zat eens met mijn vrouw aan een tafel en behandelde de post. Zoals wel vaker voorkomt, werd de vraag gesteld: 'Wat deed ik in mijn vorige leven, vlak voor het huidige?'

In het hoofd van mijn vrouw kwam het woordbeeld 'baker' en in mijn hoofd 'vroedvrouw'. Beide begrippen dekken elkaar volledig, maar tonen tegelijkertijd aan hoe hetzelfde impuls door elk van ons benoemd wordt. Zo verloopt de communicatie. Als je ingesteld bent op plechtige taal, dan zal zo het overkomen dat de Gids in de 'gij-vorm' tegen je praat. Ben je echter meer een mens van de moderne tijd, dan zal het woordbeeld in jouw hoofd zich in de 'jij-vorm' omzetten. Daardoor worden sommige geïnspireerde boeken in zo'n zweverig hallelujah-taaltje omgezet, wat echt niet van deze tijd is.

Enerzijds is de impuls van een moderne Gids aanwezig, anderzijds ook de ontvanger, jij dus, iemand die in de jaren negentig leeft!

Communicatie wordt dus door twee persoonlijkheden gevormd, door de zender en de ontvanger, dus door de Gids en jijzelf.

Ook jij kunt zinnen of woorden in je hoofd horen of hardop uitspreken, die op soortgelijke wijze door jouw Gids worden ontvangen. De Gids echter heeft geen hinder meer van hetgeen er in die stoffelijke hersenen zit, want hij heeft geen stoffelijke hersenen en is niet meer dan een energievorm. Hij krijgt glashelder door wat jij wilt overbrengen, want hij heeft geen last meer van de stoffelijke hersenen, die vaak meer een hinderpaal zijn dan een hulp.

Alles wat jij via de rechterhersenhelft hoort, betreft de intuïtieve kant. Ik heb gehoord dat er mensen zijn bij wie de linker- en rechterhersenhelft in feite omgewisseld is, de functie van de linker heeft die van de rechter en andersom. In dat geval moet zo iemand eenvoudigweg leven met een intuïtieve linkerkant en een zogenaamde verstandelijke rechterkant. Op zich is er echter geen verschil.

Eerst leren luisteren!

De juiste basis voor een goede communicatie is altijd het zogenaamde luisteren. Dit kan voor een aards mens heel moeilijk zijn. Wanneer iemand iets zegt, komt het vaak voor dat je nog voordat hij uitgepraat is, een weerwoord naar boven voelt komen zoals, 'Dit kan niet waar zijn.'

Als je halverwege het verhaal van de ander al aan soortgelijke ervaring denkt die jijzelf hebt gehad, luister je niet echt meer en ben je al met je reactie bezig. In plaats van te luisteren wordt er immers alvast een antwoord geformuleerd: 'Ja, dat heb ik ook eens gehad en toen...' Op deze manier kun je niet stellen dat je erg toegankelijk bent voor wat er gezegd wordt. Je bent veel te druk bezig met jezelf en dat wat jou beroert.

Wanneer je zo met je Gids bezig bent, komt hij er natuurlijk niet echt tussen. Stel dat je je Gids een vraag gesteld hebt en het impuls begint te komen terwijl jij alvast met de volgende vraag bezig bent. Je hoort het impuls dan niet en zegt verbaasd: 'Ik kan mijn Gids niet verstaan!'

Denk eens verder, misschien blijkt wel dat jij de mensen om je heen ook niet kunt verstaan. Je hebt heel misschien nooit geleerd echt even stil te zijn en te luisteren, om eens goed tot je door te laten dringen wat die ander nu eigenlijk precies tegen je zegt.

Sommige mensen zijn zo 'hijgerig' om hun eigen gedachten te uiten, dat er geen ruimte voor de ander meer is. Begrijp je een beetje waarom er in onze wereld zoveel verwarring ontstaat?

Nogmaals, luisteren naar je Gids begint met leren luisteren naar je medemens op aarde, naar de mensen om je heen. Wil je echt contact met je Gids, begin dan eerst eens met doodgewone aardse communicatie te oefenen. Luisteren is immers ook een kwestie van liefde en aandacht.

Hoe stel je vragen?

Je Gids is in feite jouw persoonlijke paragnost. Hij is iemand die hier geen geld voor vraagt, erg veel van je houdt en het beste voor je wilt. Welnu, je barst letterlijk van de vragen en je wilt die in al je enthousiasme tegelijk gaan stellen. En dat is fout.

Wanneer je begint met het stellen van vragen, hak dan de vraag in stukjes. Dus geen vragen als 'Moet ik met Kees trouwen', 'Moet ik een nieuw huis kopen, en zo ja, in Arnhem of in Dieren?' Als je die vragen allemaal tegelijk stelt, komt er geen zinnig en geen eenduidig antwoord.

Formuleer je vragen dus rustig en schrijf ze op. Begin in dit geval met: 'Is een huwelijk met Kees verstandig, "ja" of "nee"?'

Wanneer je probeert om jezelf even leeg en stil te maken waardoor je echt kunt luisteren, kan er een duidelijk antwoord komen: 'Wacht nog even met trouwen' of 'Het is verstandiger om niet hals over kop te trouwen, ik heb enige twijfels over die Kees.'

Deze vorm van twijfel geeft aan dat er geen voluit 'ja' of 'nee' te verwachten is. Komt er echter toch een 'ja', dan kun je de volgende vraag stellen. 'Is het verstandig als wij een huis kopen in Arnhem? "Ja" of "nee"?' Stel dat het antwoord dit maal 'nee' is, dan kun je de tweede vraag stellen en zeggen: 'Is het verstandig om een huis in Dieren te kopen, "ja" of "nee"?' Wanneer er nu een 'ja' komt dan weet je dat je Arnhem kunt laten vervallen. Is het antwoord ook 'nee', dan kun je vervolgens goed nadenken over een andere plek waar je wilt gaan wonen.

Kortom, hak de vragen in stukjes en vraag een ding tegelijk. Je mag al dolblij zijn als je in het begin leert een overduidelijk 'nee' of een overduidelijk 'ja' tot antwoord te krijgen. Wanneer ik zeg dat je liefdevol en open moet luisteren, betekent dat je er ook echt voor moet gaan zitten. Je hoeft je ogen helemaal niet te sluiten, het is gewoon een kwestie van instelling op de golflengte van je Gids.

Wanneer je in het voorafgaande hoofdstuk hebt gelezen hoe Hans en Dolf met hun Gidsen omgaan, kun je je daaraan spiegelen. Bedenk echter dat deze mensen goed openstaan, dat ze ook niet piepjong zijn en dat ze door al hun ervaring hebben geleerd om te luisteren. Ze hebben vooral geleerd om te luisteren naar hun partners en naar hun kinderen. Hoeveel huwelijken zijn er niet mislukt omdat men niet echt luisteren kon? Laat dat maar eens echt tot je doordringen.

Waarom komt er soms geen antwoord?

Als je nog steeds niet hebt geleerd jezelf eerst even leeg te maken, kan een antwoord uitblijven. Als je helemaal vol zit, kan er letterlijk niets bij. Een van de oorzaken dat je zo 'bezet' bent, kan zijn omdat je gespannen bent. Je zit bijvoorbeeld midden in een scheiding of je hebt net een dramatisch verlies geleden, je hebt een vreselijke ruzie met je baas of met je partner. Juist op zo'n moment heb je erg veel vragen.

Je bevindt je misschien wel in een hele onrustige periode door een stormachtige 'bende' in je leven. Hierdoor kan er natuurlijk geen Gids tussenkomen. Als je dat merkt kun je beter even tot rust komen. Laat de storm eerst wat bedaren en probeer je te ontspannen. Wanneer je daar in geslaagd bent, herhaal je de vragen. Je zult ontdekken dat het in ontspannen toestand, als de storm wat is gaan liggen, geleidelijk beter gaat.

Een goed gesprek is dus onmogelijk als je innerlijk onrustig bent, wat zowel geldt voor conversaties met de mensen hier op aarde, als voor de gesprekken met Gidsen.

Is automatisch schrift beter?

Sommige mensen menen dat zij door middel van automatisch schrift makkelijker in contact met hun Gids kunnen komen. Besef wel, dat zeer gevorderde Gidsen en de meest ervaren mensen op dit terrein, automatische schrift als de armoedigste en slechtste vorm van communicatie beschouwen. De letters worden vaak met veel haken en slordig aan elkaar geschreven, wat voor derden nauwelijks goed leesbaar is. Bovendien is er altijd een kans dat negatieve entiteiten spelletjes gaan spelen, door in feite bezit van jouw hand te nemen.

Als de boodschappen via hen binnenkomen, komen onwaarheden en antwoorden in een hallelujah-taaltje alsof jouw Gids Jezus zelf is! Ben je mohammedaan dan zal het Mohammed zijn natuurlijk, en voor de boeddhist Boeddha.

Al die situaties geven genoeg reden argwanend te zijn. Ik heb verschillende mensen door automatisch schrift in de problemen zien komen en ik ben er eerlijk gezegd helemaal voor om deze vorm van communicatie af te wijzen.

Is de pendel een hulpmiddel?

Ik ken mensen die op voortreffelijke wijze met hun Gidsen communiceren met behulp van een pendel, wat vooralsnog een redelijk veilig middel lijkt te zijn. Sommige van hen leggen de letters van een scrabbelspel in een kringetje en stellen vragen, waarna de pendel een voor een de letters kan aanwijzen. Het is een veelal lastige en moeizame techniek die veel tijd vergt. Op den duur zal je ontdekken dat het gewone 'hoofdhoren' het beste functioneert. Als aanloop kan het pendelen handig zijn, maar bij elke vorm van communicatie blijft waakzaamheid geboden. Ik herhaal dit nadrukkelijk.

Nog eens over het 'glaasje draaien'

Ik heb er al eerder op gewezen dat het zogenaamde glaasje draaien veel gevaren met zich meebrengt. Eerlijkheidshalve moet ik hier wel bij vertellen dat een heleboel bekende en gevorderde paragnosten, in het verleden van dit hulpmiddel gebruik hebben gemaakt. Zij ontdekten echter al vrij snel, dat de boodschappen en antwoorden die op het bord verschenen bovendien luid en duidelijk in hun hoofd werden vertaald. Er ontstonden zodoende zinnen en woorden in hun hoofd! Vrijwel allemaal hebben ze het glaasje draaien na lange of korte tijd terzijde gelegd en zijn naar de stem gaan luisteren.

Het vervelende en nare effect van het zogenaamde ouijabord waarop het glaasje draaien plaatsvindt, is het snelle effect ervan. Het bord wordt vooral door jonge mensen gebruikt die onbenullige vragen stellen, zoals over hun studie, vragen over een vriend of vriendin. Het is als gezelschapsspelletje schijnbaar heel leuk en velen raken er dan ook een tijdje aan verslaafd.

Degenen die goed opletten zullen merken dat het bord kan liegen alsof het gedrukt staat. De antwoorden die komen zijn vaak ronduit fout, verwarrend, en nog beangstigend ook! Bij dit spelletje met kruis en bord stellen de aanwezigen zich in feite helemaal open, al nemen zij niet waar met welke entiteiten ze precies te maken hebben. Ze weten absoluut niet wie diegene is die via hun handen het glaasje in beweging brengt... Wie weet is het een overleden drugsdealer of oorlogsmisdadiger. Of een doodgewone grappenmaker of loslopende entiteit die op de aarde is blijven rondhangen.

In al die gevallen is er een grote kans dat deze persoonlijkheden letterlijk in je aura gaan hangen. Ik spreek dan van 'auralifters':

een bijzonder angstig en vervelend verschijnsel. Zonder dat je het wilt en op allerlei ongewenste momenten, kun je stemmen in je hoofd gaan horen. Zoiets is een zeer wezenlijk verschil met de stem van je Gids, die alleen maar spreekt als jij het woord tot hem richt. Dit is ook het meest essentiële verschil. Deze negatieve entiteiten brengen je in grote verwarring, wat tot geestelijke nood kan leiden.

Wanneer je met dit verschijnsel te maken krijgt, kun je gebruik maken van een zogenaamde 'anti-stemmenband', waar ik al eerder over geschreven heb in dit boek. Deze 'anti-stemmenband' is in feite een sessie die je kunt doen als er sprake is van zogenaamde echte entiteiten, dus geesten. Het afdraaien van de band, bij voorkeur als je een koptelefoon of 'walkman' op hebt, helpt in veel gevallen.

Zo niet, dan is de gang naar een goede regressie-therapeut een tweede mogelijkheid. Een regressietherapeut kan de entiteiten in jouw aura als het ware zichtbaar maken. Met de hulp van jouw Gids en die van de regressie-therapeut, wordt de entiteit verwijderd en indien nodig naar het licht gebracht. Wacht je echter te lang met hulp vragen, dan kan het euvel zich letterlijk uitbreiden. Je komt dan bij de psychiater terecht, van wie je zeer zware geneesmiddelen zult krijgen. Deze medicijnen maken de stemmen inderdaad zachter en kunnen ze soms geheel doen ophouden. Dit betekent echter wel dat je deze medicijnen heel lang en regelmatig zal moeten slikken, waardoor je nooit helder in je hoofd bent.

Oftewel: gebruik het ouijabord niet en doe vooral niet mee aan spelletjes op dit gebied.

Word je niet afhankelijk van je Gids?

Er zijn mensen die bang zijn afhankelijk te worden van hun Gids. Die angst is echter in de meeste gevallen ongegrond. Een goede Gids zal je in zekere zin terugfluiten als je te veel op hem afgaat. Je zult ermee moeten leven, dat je zelf beslissingen neemt en dat je ook het recht hebt je eigen fouten te blijven maken. Fouten maken is immers een weg naar geestelijke groei. Natuurlijk kun je achteraf met je Gids over gemaakte fouten discussiëren en natuurlijk is het goed om je hierop te bezinnen. De dialogen zoals je die elders in het boek tussen Gids en mens aantreft, geven voldoende aan dat je ook een hele aangename babbel met je Gids kunt hebben. De vrees voor afhankelijkheid is zogezegd ongegrond!

Op bezoek bij je eigen Gids

Je kunt je Gids in feite op verschillende manieren ontmoeten. Dit kan door een bewuste uittreding, of het over te laten aan het toeval van de heldere of de gewone droom, maar het kan ook met behulp van de ontspanning en de zogenaamde bewustzijnsverplaatsing.

Wanneer je al je dromen noteert, ga je geleidelijk aan bewuster dromen. Deze theorie vind je in de diverse boeken over het thema dromen terug. Wanneer je een blocnote met een potlood naast je bed legt – een cassetterecorder met de pauzetoets ingedrukt volstaat ook prima – is het heel gemakkelijk om onmiddellijk je indrukken vast te leggen. Het beste is dit te doen terwijl je ogen nog gesloten zijn.

Wanneer je dit regelmatig doet, blijkt dat je de dromen steeds sterker voor de geest kunt halen. Bij het noteren of inspreken, is het voldoende om alleen wat sleutelwoorden te gebruiken zoals: bij buurman in tuin, winkelen in supermarkt, ontmoeting met donker persoon.

Als je eenmaal helder en wakker bent kun je teruglezen of -horen. In veel gevallen springt de droom in zijn gehele context in je geheugen terug. Zonder het vastleggen van indrukken, vervliegt een droom als spiritus op een hete radiator.

Het is opmerkelijk dat het aantal heldere dromen toeneemt naarmate je leert bewust te dromen. Als dat je lukt, is het net alsof je in staat bent meer bewustzijn mee te nemen naar dat merkwaardige gebied waar de droom zich afspeelt.

Gidsontmoetingen in de droom

Tijdens mijn gewone dromen heb ik meerdere keren ontmoetingen met mijn Gidsen gehad. Ik nam ze duidelijk minder bewust waar dan in een heldere droom. Pas nadat ik wakker was geworden en mijn ervaring met de bewuste Gids of Gidsen geverifieerd had, kreeg ik zekerheid.

In de heldere dromen ligt dat al een stuk makkelijker; er is een gewone en praktisch voelbare aanwezigheid. Wanneer je echter het systeem ontdekt van de zogenaamde 'verdubbeling' of bewustzijnsverplaatsing, wordt het heel gemakkelijk bestuurbaar. Gidsontmoetingen kun je zelfs zo sterk hebben, dat je daadwerkelijk een lijfelijke ontmoeting voelt, zoals een omhelzing of een kus.

Onthoud ten slotte, dat wanneer je gebruik maakt van de techniek van de 'verdubbeling' of bewuste projectie, je in staat moet zijn je goed te concentreren.

Bij regressies met kinderen kwam ik tot de conclusie, dat kinderen een minimale leeftijd van circa zeven jaar moeten hebben om tot een goede regressie en een Gidsontmoeting te komen. Alle regressies, zowel bij mij als bij mijn leerlingen, beginnen gewoonlijk met het ontmoeten van de persoonlijke Gids!

HOOFDSTUK

VIII

Dit hoofdstuk beantwoordt de meest gestelde vragen
die tijdens lezingen, sessies, in brieven en via de
telefoon naar voren kwamen

Waar komen al die mensen vandaan?

Zoals bekend geef ik regelmatig lezingen. Na afloop volgt als vaste prik een klein vragenuurtje, wat soms uitloopt in een 'vragenvuurtje'! De meest gestelde vraag is: 'Waar komen al die miljoenen mensen vandaan?'

Inderdaad, dat is een interessante afweging, het antwoord is vrij simpel: 'Er worden voortdurend nieuwe zielen gevormd.'

Als je dit boek goed gelezen hebt, begrijp je misschien dat het niet uit te sluiten valt dat een grote ziel zich opdeelt. Hij splitst zich dan zodat een deel op aarde kan functioneren, terwijl het overige deel in de andere wereld werkzaam is. Het kan zelfs zo zijn dat een grote ziel twee persoonlijkheden tegelijk op aarde heeft, die beide deel uitmaken van zijn totale persoonlijkheid. Je zou dit de beroemde 'dubbelzielen' of 'tweelingzielen' kunnen noemen.

Er wordt een heleboel kolder over 'tweelingzielen' uitgekraamd. Ik zeg nooit nooit, maar de verklaring hiervoor kan zijn dat twee zielen tegelijkertijd worden geboren, bijna als uit één cel. De eerstgenoemde verklaring, over de grote ziel die zich splitst, vind ik aannemelijker. Twee delen van een ziel, met twee persoonlijkheden, kunnen op verschillende plekken op de aarde leven en dan toch contact hebben, een telepathische verbinding.

Op de vraag: 'Hebben ze dan de indruk alsof de ander hun Gids is?' zeg ik 'nee'. Het kan zijn dat hun totale 'superziel' in die andere wereld verblijft en als Gids fungeert.

Boodschappen

Het gebeurt regelmatig dat er tijdens mijn voordrachten gevraagd wordt of ik boodschappen van Leila heb, of van de persoonlijke Gids van aanwezigen in de zaal. Hiermee wordt het doorgeven van hogere wijsheden bedoeld, wijsheden waar we lering uit kunnen trekken.

Het zogenaamde 'channelen' is hier nauw mee verbonden. Het betreft (ik haalde het al eerder aan) een methode om boodschappen door te geven, waarbij iemand met de stem van een geest gaat zitten redeneren en wijsheden verkondigt. Tot mijn grote verdriet komen er meestal wat ik noem 'kapsalon-wijsheden' uit. Wanneer je boodschappen graag wilt lezen, pak dan gerust de bijbel, de koran of andere vergelijkbare en verantwoorde boeken. Lees kritisch, kritiek mag er te allen tijde bij zijn. De hoogste wijsheid is de eenvoudigste van alle wijsheden, maar die wordt bij 'channeling' meestal niet gehoord.

Kunnen Gidsen de toekomst voorspellen?

Nog een veel gestelde vraag is of de Gidsen jouw toekomst kennen. Mijn antwoord is 'ja', zij weten meestal heel veel van je toekomst, maar zullen die lang niet altijd voor je uiteen zetten. De toekomst kan immers ook inhouden dat je een ernstige ziekte krijgt, een ontslag dat eraan komt, een ramp, een brand in je huis of een ongeluk. Het is niet altijd prettig en goed om de gebeurtenissen in de toekomst alvast te weten. Als het betreffende probleem eenmaal opspeelt, is er tijd genoeg om erop te reageren. Vele gebeurtenissen zijn nu eenmaal lessen die van nut zijn voor jouw persoonlijke levensplan. De lessen zijn noodzakelijk voor je ontwikkeling en dienen begrepen en geleerd te worden. Wanneer het nuttig en noodzakelijk voor je is bepaalde gebeurtenissen in je levensplan te ontlopen, zal je er duidelijk voor gewaarschuwd worden en zo nodig geholpen.

Als iemand mij vraagt: 'Vertel mij eens iets over mijn toekomst', begin ik meestal te glimlachen en antwoord: 'Over drie weken eet u zuurkool!' Die vage kreet wordt op ParaVisie-manifestaties en andere gelijksoortige beurzen, maar al te vaak uitgekraamd. De toekomst is een dik boek, waarin je niet willekeurig kan bladeren.

Weet je wat: houd het er maar op dat jouw Gids erg veel weet over hetgeen je te wachten staat.

Hoe weet een Gids wat er allemaal kan gebeuren?

Niet alleen Gidsen, maar ook jij kent jouw toekomst al! In principe betreed je de aarde pas nadat er een eenvoudig draaiboek gemaakt is. Hierin staat welke specifieke dingen je wilt leren in dit leven, de karma die opgelost kan worden en het doel waarnaar gestreefd wordt.

De Gids kent dit draaiboek eveneens en weet zodoende wat er allemaal kan gebeuren.

Waarom beseffen we het niet, als we het in feite weten?

Dat is heel logisch en begrijpelijk, we willen het niet weten. Wij sluiten ons doelbewust af voor datgene wat in de toekomst zal plaatsvinden.

Het is kennelijk voor ons mensen niet goed om alvast te weten.

Het is net alsof je paaseieren in de tuin hebt verstopt, maar even later ben je vergeten waar ze nu precies liggen. Het opnieuw vinden van de plek is in dit geval juist een les.

Het kan trouwens heel belastend zijn om kennis te hebben van de nare dingen die ons te wachten staan. Zoals ik al aangaf heeft de Gids in al zijn wijsheid, geen behoefte om de leemte tussen jouw innerlijke kennis en de feitelijke feiten aan te vullen.

Slotwoord

Het is voorjaar; ik ben momenteel in mijn caravan in een kleine polder, niet ver van mijn woonplaats. De wind giert over het land, tussen de wolken schiet af en toe de zon voorbij. Er is rust in mijn hart. Ik weet dat mijn Gidsen vlak bij mij zijn. Hun aandacht is op mij gericht, vooral nu ik mij bezighoud met dit boek. Mijn Gidsen hebben me vaak gesteund tijdens het schrijven en me aangemoedigd door te gaan.

Omgaan met Gidsen is niets anders dan een hele grote reeks kleine of grote, intieme momenten. Het betekent warmte en geborgenheid en aandacht hebben voor elkaar. Nee, ik verwacht niet van mijn Gidsen dat ze mij voortdurend boodschappen doorgeven. Wanneer ik een lezing geef en mij weer wordt gevraagd of Leila een boodschap heeft voor de aanwezigen, moet ik ontzettend grinniken. Ik kom bijna in de verleiding te zeggen: 'Vraag het liever aan mijn stoffelijke Rietje, haar kunt u zonder problemen verstaan. En ik weet blindelings wat ze zou zeggen: "Het leven wordt vereenvoudigd door het geven van liefde. Liefde is de smeerolie van de samenleving, waar liefde verdwijnt wordt het leven koud en stroef".'

Het is verstandig geen boodschappen van je Gids te verwachten. Een Gids is nu eenmaal over het algemeen geen predikant of pastoor en ook geen filosofisch wijsgeer.

De Gids zal zich in gelijke bewoordingen uitlaten over het begrip 'liefde'. Liefde is nu eenmaal het begin en het einde.

Ik heb hem al genoemd, Erich Fromm, de beroemde psycholoog uit de Verenigde Staten. Zoals je weet schreef hij het boek *Liefde, een kunde en een kunst*. Gidsen kennen zowel die kunde als die kunst. Beschouw hen als de beste leraren, handel en leef ernaar.

Een Gids is niet iemand met een toverstokje en ook geen gevleugelde engel die je voortdurend uit allerlei netelige situaties redt.

Jouw Gids is iemand die letterlijk een 'engelengeduld' heeft en ongelooflijk veel van je houdt.

Ooit zal het zover zijn: het moment waarop je uit het stoffelijke lichaam wordt gehaald. Dan zal jouw Gids er zijn en je stralend en liefdevol meenemen naar het land van liefde, rust en harmonie.

Na een periode van rust kan de behoefte ontstaan naar de aarde terug te keren. Misschien wil je nogmaals zo'n zwaar lichaam aantrekken en een aards leven leiden waar je in geestelijk opzicht door zult groeien.

Je kunt op aarde erg veel leren. Min of meer doen we allemaal ook ons best, maar er wordt geen lintje uitgereikt na afloop.

Ik wens jullie tot in lengte van vele eeuwen, een ongelooflijk goede relatie met je persoonlijke Gids toe!

Jan Kleyn